DE LA GUERRE, ET DE LA PAIX.

SECONDE PARTIE.

CHAPITRE I.

De la Paix, & de l'obligation de la cultiver.

§. 1.

LA *Paix* est opposée à la *Guerre*; c'est cet état désirable, dans lequel chacun joüit tranquillement de ses droits, ou les discutte amiablement & par raison, s'ils sont controversés. HOBBES a osé dire, que la Guerre est l'état naturel de l'homme. Mais, si comme la raison le veut, on entend par *l'état naturel* de l'homme, celui auquel il est destiné & appellé par sa nature, il faut dire plûtôt, que la Paix est son état naturel. Car il est d'un être raisonnable de terminer ses différends par

les

les voies de la raison; c'est le propre des bêtes, de les vuider par la force (a). L'homme, (ainsi qu'il a déja été observé suffisamment) seul, dénué de secours, ne pourroit être que très-misérable; il a besoin du commerce & de l'assistance de ses semblables, pour jouïr d'une vie douce, pour développer ses facultés & vivre d'une manière convenable à sa nature : Tout cela ne se trouve que dans la *paix*. C'est dans la paix que les hommes se respectent, qu'ils s'entresécourent, qu'ils s'aiment. Ils ne sortiroient point de cet heureux état, s'ils n'étoient emportés par les passions, & aveuglés par les illusions grossières de l'amour-propre. Le peu que nous avons dit des effets de la Guerre, suffit pour faire sentir combien elle est funeste. Il est triste pour l'humanité, que l'injustice des méchans la rende si souvent inévitable.

§. 2. Les Nations pénétrées des sentimens de l'humanité, sérieusement occupées de leurs devoirs, éclairées sur leurs véritables & solides intérêts, ne chercheront jamais leur avantage, au préjudice d'autrui; soigneuses de leur propre bonheur, elles sçauront l'allier avec celui des autres, & avec la justice & l'équité. Dans ces dispositions, elles ne pourront manquer de cultiver

(a) *Nam cum sint duo genera decertandi: unum per disceptationem, alterum per vim: cumque illud proprium sit hominis, hoc belluarum : confugiendum est ad posterius, si uti non licet superiora.* CICERO. de Offic. Lib. I. cap. II.

MEMOIRES

POLITIQUES, CONCERNANT

LA GUERRE
ET LA PAIX,

OU
PRINCIPES DE LA
LOI NATURELLE

APPLIQUE'S 'A LA CONDUITE
ET AUX AFFAIRES DES NA-
TIONS ET DES SOUVERAINS.

PAR MR. D. V * * *.

SECONDE PARTIE.

A FRANCFORT ET LEIPSIG.

AUX DEPENS DE LA COMPAGNIE.

MDCCLVIII.

tiver la Paix. Comment s'acquitter de ces devoirs mutuels & sacrés que la Nature leur impose, si elles ne vivent ensemble en paix ? Et cet état ne se trouve pas moins nécessaire à leur félicité, qu'à l'accomplissement de leurs devoirs. Ainsi la Loi Naturelle les oblige de toute manière à rechercher & à cultiver la Paix. Cette Loi Divine n'a pour fin que le bonheur du Genre-humain : C'est là que tendent toutes ses règles, tous ses préceptes : On peut les déduire tous de ce Principe, que les hommes doivent chercher leur propre félicité ; & la Morale n'est autre chose que l'Art de se rendre heureux. Cela est vrai des particuliers ; il ne l'est pas moins des Nations, comme on s'en convaincra sans peine, si l'on veut réfléchir seulement sur ce qui est dit de leurs devoirs communs & réciproques, dans le prémier Chapitre du Livre II. du Droit des Gens.

§. 3. Cette obligation de cultiver la paix, lie le Souverain par un double nœud. Il doit ce soin à son peuple, sur qui la Guerre attire une foule de maux: Et il le doit de la manière la plus étroite & la plus indispensable ; puisque l'Empire ne lui est confié que pour le salut & l'avantage de la Nation (*ib.*Liv. I. §. 19.). Il doit ce même soin aux Nations étrangères, dont la Guerre trouble le bonheur. Nous venons d'exposer le devoir de la Nation à cet égard ; & le Souverain, revêtu de l'Autorité publique,

 est

eſt en même-tems chargé de tous les devoirs de la Société, du Corps de laNation (*ib.*Liv.I.§.41.).

§. 4. Cette Paix ſi ſalutaire au Genre-humain, non-ſeulement la Nation ou le Souverain ne doit point la troubler lui-même ; il eſt de plus obligé à la procurer, autant que cela dépend de lui, à détourner les autres de la rompre ſans néceſſité, à leur inſpirer l'amour de la juſtice, de l'équité, de la tranquillité publique, l'amour de la paix. C'eſt l'un des plus ſalutaires Offices, qu'il puiſſe rendre aux Nations & à l'Univers. entier. Le glorieux & aimable perſonnage que celui de Pacificateur ! Si un grand Prince en connoiſſoit bien les avantages ; s'il ſe répréſentoit la Gloire ſi pure & ſi éclatante, dont ce précieux caractère peut le faire jouir, la reconnoiſſance, l'amour, la vénération, la confiance des peuples ; s'il ſçavoit ce que c'eſt que règner ſur les cœurs ; il voudroit être ainſi le Bienfaiteur, l'Ami & le Père du Genre-humain : Il y trouveroit mille fois plus de charmes, que dans les Conquêtes les plus brillantes. AUGUSTE fermant le Temple de *Janus*, donnant la paix à l'Univers, accommodant les Différends des Rois & des Peuples ; Auguſte en ce moment, paroît le plus grand des Mortels ; c'eſt preſque un Dieu ſur la Terre.

§. 5. Mais ces perturbateurs de la Paix publique, ces fléaux de la Terre, qui, dévorés d'une Ambition effrénée, ou pouſſés par un caractère orgüeilleux & féroce, prennent les armes ſans

juſti-

justice & sans raison, se jouent du repos des hommes & du sang de leurs sujers ; ces Héros monstrueux, presque déifiés par la sotte admiration du vulgaire, sont les cruels ennemis du Genre-humain ; & ils devroient être traités comme tels. L'expérience nous montre assez combien la Guerre cause de maux, même aux peuples qui n'y sont point impliqués: Elle trouble le Commerce, elle détruit la subsistance des hommes, elle fait hausser le prix des choses les plus nécessaires, elle répand de justes allarmes & oblige toutes les Nations à se mettre sur leurs gardes, à se tenir armées. Quiconque rompt la paix sans sujet, nuit donc nécessairement aux Nations mêmes, qui ne sont pas l'objet de ses armes; & il attaque essentiellement le bonheur & la sûreté de tous les peuples de la terre, par l'exemple pernicieux qu'il donne. Il les autorise à se réunir pour le réprimer, pour le châtier, & pour lui ôter une puissance, dont il abuse. Quels maux ne fait-il pas à sa propre Nation, dont il prodigue indignement le sang, pour assouvir ses passions déréglées, & qu'il expose sans nécessité au ressentiment d'une foule d'ennemis! Un Ministre fameux du dernier siécle n'a mérité que l'indignation de sa Nation, qu'il entraînoit dans des Guerres continuelles, sans justice, ou sans nécessité. Si par ses talens, par son travail infatigable, il lui procura des succès brillans dans le Champ de Mars, il lui attira, au moins pour un tems, la haine de l'Europe entière.

S 4

§. 6.

§. 6. L'amour de la paix doit empêcher également & de commencer la guerre sans nécessité, & de la continuer, lorsque cette nécessité vient à cesser. Quand un Souverain a été réduit à prendre les armes, pour un sujet juste & important, il peut pousser les opérations de la Guerre, jusqu'à-ce qu'il en ait atteint le but légitime, qui est d'obtenir justice & sûreté (ci-dessus Part. I. §. 28.).

Si la Cause est douteuse, le juste but de la Guerre ne peut être que d'amener l'Ennemi à une Transaction équitable. (*ibid.* §. 38.); & par conséquent, elle ne peut être continuée que jusques-là. Aussi-tôt que l'Ennemi offre, ou accepte cette Transaction, il faut poser les armes.

Mais si l'on a affaire à un Ennemi perfide; il seroit imprudent de se fier à sa parole & à ses sermens. On peut très-justement, & la prudence le demande, profiter d'une Guerre heureuse, & pousser ses avantages, jusqu'à-ce qu'on ait brisé une puissance excessive & dangereuse, ou réduit cet Ennemi à donner des sûretés suffisantes pour l'avenir.

Enfin, si l'Ennemi s'opiniâtre à rejetter des Conditions équitables, il nous contraint lui-même à pousser nos progrès jusqu'à la Victoire entière & définitive, qui le réduit & le soumet. Nous avons vû ci-dessus * comment on doit user de la Victoire.

§. 7.

* Part. I. Chap. VIII. IX. & XIII.

§. 7. Lorſque l'un des Partis eſt réduit à demander la paix, ou que tous les deux ſont las de la guerre, on penſe enfin à s'accommoder, & l'on convient des Conditions.   La Paix vient mettre fin à la Guerre.

§. 8. Les effets généraux & néceſſaires de la Paix ſont, de réconcilier les ennemis & de faire ceſſer de part & d'autre toute hoſtilité.   Elle remet les deux Nations dans leur état naturel.

CHAPITRE II.
Des Traités de Paix.

§. 9.

QUand les Puiſſances qui étoient en guerre, ſont convenuës de poſer les armes; l'Accord, ou le Contrat, dans lequel elles ſtipulent les Conditions de la paix, & règlent la manière dont elle doit être rétablie & entretenue, s'appelle le *Traité de Paix.*

§. 10. La même Puiſſance qui a le droit de faire la guerre, de la réſoudre, de la déclarer, & d'en diriger les opérations, a naturellement auſſi celui de faire la paix & d'en conclure le Traité.   Ces deux pouvoirs ſont liés enſemble, & le ſécond ſuit naturellement du prémier.   Si le Conducteur de l'Etat eſt autoriſé à juger des cauſes & des raiſons, pour leſquelles on doit entreprendre la Guerre; du tems & des circon-

ſtan-

ſtances, où il convient de la commencer; de la
manière dont elle doit être ſoutenuë & pouſſée;
c'eſt donc à lui auſſi d'en borner le cours, de
marquer quand elle doit finir, de faire la paix.
Mais ce pouvoir ne comprend pas néceſſairement
celui d'accorder, ou d'accepter, en vuë de la
paix, toute ſorte de Conditions. Quoique
l'Etat ait confié en général à la prudence de ſon
Conducteur, le ſoin de réſoudre la Guerre & la
Paix; il peut avoir borné ſes pouvoirs, ſur bien
des choſes, par les Loix fondamentales. C'eſt
ainſi que FRANÇOIS I. Roi de France avoit la
diſpoſition abſoluë de la Guerre & de la Paix;
& cependant l'Aſſemblée de *Cognac* déclara, qu'il
ne pouvoit aliéner, par le Traité de Paix, aucune partie du Royaume *.

La Nation qui diſpoſe librement de ſes Affaires domeſtiques, de la forme de ſon Gouvernement, peut confier à une perſonne, ou à une
Aſſemblée, le pouvoir de faire la paix, quoiqu'elle ne lui ait pas abandonné celui de déclarer
la Guerre. Nous en avons un exemple en Suéde depuis la mort de CHARLES XII. Le Roi
ne peut déclarer la Guerre, ſans le conſentement
des Etats aſſemblés en Diette; il peut faire la
Paix, de concert avec le Sénat. Il eſt moins
dangereux à un Peuple d'abandonner à ſes Conducteurs ce dernier pouvoir, que le prémier.
Il peut raiſonnablement eſpérer qu'ils ne feront
la paix, que quand elle ſera convenable aux intérêts

* Voyez le D. d. G. L, I. §. 265.

térêts de l'Etat.   Mais leurs paſſions, leurs intérêts propres, leurs vuës particulières influent
trop ſouvent dans leurs réſolutions, quand il
s'agit d'entreprendre la Guerre.   D'ailleurs, il
faudroit qu'une Paix fût bien miſérable, ſi elle
ne valoit pas mieux que la Guerre; au contraire, on hazarde toûjours beaucoup, lorſqu'on
quitte le repos, pour les armes.

Quand une Puiſſance limitée a le pouvoir de
faire la Paix; comme elle ne peut accorder d'elle-même toute ſorte de Conditions, ceux qui
voudront traiter ſûrement avec elle, doivent
exiger que le Traité de Paix ſoit approuvé par
la Nation, ou par la Puiſſance qui peut en accomplir les Conditions.   Si quelqu'un, par exemple, traite de la paix avec la Suéde, & demande pour Condition, une Alliance défenſive,
une Garentie; cette ſtipulation n'aura rien de
ſolide, ſi elle n'eſt approuvée & acceptée par
la Diette, qui ſeule a le pouvoir de lui donner
effet.   Les Rois d'Angleterre ont le Droit de
conclure des Traités de Paix & d'Alliance; mais
ils ne peuvent aliéner, par ces Traités, aucune
des Poſſeſſions de la Couronne, ſans le conſentement du Parlement.   Ils ne peuvent non-plus,
ſans le concours du même Corps, lever aucun
argent dans le Royaume.   C'eſt pourquoi,
quand ils concluent quelque Traité de Subſides,
ils ont ſoin de le produire au Parlement, pour
s'aſſurer qu'il les mettra en état de le remplir.
L'Empereur CHARLES-QUINT, voulant exiger

ger de FRANÇOIS I. fon Prifonnier, des Conditions, que ce Roi ne pouvoit accorder fans l'aveu de la Nation, devoit le **retenir** jufques-à-ce que le Traité de *Madrid* eût été approuvé par les Etats-Généraux de France, & que la Bourgogne s'y fût foumife: Il n'eût pas perdu le fruit de fa Victoire, par une négligence, fort furprenante dans un Prince fi habile.

§. 11. Nous ne répéterons point ici ce qui a été dit ailleurs de l'aliénation d'une partie de l'Etat *, ou de l'Etat entier (*ib.* §§. 68. & fuiv.) Remarquons feulement, que, dans le cas d'une néceffité preffante, telle que l'impofent les événemens d'une Guerre malheureufe, les aliénations que fait le Prince, pour fauver le refte de l'Etat, font cenfées approuvées & ratifiées par le feul filence de la Nation, lorfqu'elle n'a point confervé, dans la forme du Gouvernement, quelque moyen aifé & ordinaire de donner fon confentement exprès, & qu'elle a abandonné au Prince une Puiffance abfoluë. Les Etats-Généraux font abolis en France, par non-ufage & par le confentement tacite de la Nation. Lors donc que ce Royaume fe trouve preffé, c'eft au Roi feul de juger des facrifices qu'il peut faire pour acheter la paix ; & fes ennemis traitent folidement avec lui. En vain les peuples diroient-ils, qu'ils n'ont fouffert que par crainte l'abolition des Etats-Généraux: Ils l'ont foufferte enfin ; & par-là, ils ont laiffé

paf-

* V. le D. d. G. Liv. I. §§. 164. & fuiv.

paſſer entre les mains du Roi, tous les pouvoirs néceſſaires pour contracter au nom de la Nation, avec les Nations étrangères. Il faut néceſſairement qu'il ſe trouve dans l'Etat une Puiſſance, avec laquelle ces Nations puiſſent traiter ſûrement. Un Hiſtorien (*a*) dit, que *les Loix fondamentales empêchent les Rois de France de renoncer à aucun de leurs droits, au préjudice de leurs Succeſſeurs, par aucun Traité, ni libre, ni forcé.* Les Loix fondamentales peuvent bien refuſer au Roi le pouvoir d'aliéner ce qui appartient à l'Etat, ſans le conſentement de la Nation : Mais elles ne peuvent rendre nulle une aliénation, ou une renonciation, faite avec ce conſentement. Et ſi la Nation a laiſſé venir les choſes en tel état, qu'elle n'a plus le moyen de déclarer expreſſément ſon conſentement; ſon ſilence ſeul, dans les occaſions, eſt un vrai conſentement tacite. S'il en étoit autrement, perſonne ne pourroit traiter ſûrement avec un pareil Etat : Et infirmer ainſi d'avance tous les Traités futurs, ce ſeroit agir contre le Droit des Gens, qui preſcrit aux Nations de conſerver les moyens de traiter enſemble *, & de garder leurs Traités **.

Il faut obſerver enfin, que quand nous examinons ſi le conſentement de la Nation eſt requis, pour l'aliénation de quelque partie de l'Etat,

(*a*) L'Abbé de CHOISY, Hiſtoire de Charles V. p. 492.
* V. le D. d. G. Liv. I. §. 262.
** V. le D. d. G. Liv. II. §§. 163. 219. & ſuiv.

tat, nous entendons parler des parties qui font encore fous la puiſſance de la Nation, & non pas de celles qui font tombées pendant la Guerre au pouvoir de l'ennemi. Car celles-ci n'étant plus poſſédées par la Nation, c'eſt au Souverain ſeul, s'il a l'adminiſtration pleine & abſoluë du Gouvernement, le Pouvoir de la Guerre & de la Paix; c'eſt, dis-je, à lui ſeul de juger, s'il convient d'abandonner ces parties de l'Etat, ou de continuer la guerre, pour les recouvrer. Et quand même on voudroit prétendre qu'il ne peut ſeul les aliéner validement; il eſt, dans notre ſuppoſition, c'eſt-à-dire, s'il jouit de l'Empire plein & abſolu; il eſt, dis-je, en droit de promettre, que jamais la Nation ne reprendra les armes, pour recouvrer ces Terres, Villes, ou Provinces, qu'il abandonne: Et cela ſuffit pour en aſſurer la poſſeſſion tranquille à l'Ennemi, qui les a conquiſes.

§. 12. La néceſſité de faire la paix autoriſe le Souverain à diſpoſer, dans le Traité, des choſes mêmes qui appartiennent aux particuliers; & le *Domaine éminent* lui en donne le droit *. Il peut même, juſqu'à un certain point, diſpoſer de leur perſonne, en vertu de la Puiſſance qu'il a ſur tous ſes ſujets. Mais l'Etat doit dédommager les Citoyens, qui ſouffrent de ces diſpoſitions, faites pour l'avantage commun (*ibid.*).

§. 13. Tout empêchement, qui met le Prince hors d'état d'adminiſtrer les affaires du Gouver-

ver-

* V. le D. d. G. Liv. I. §. 244.

vernement, lui ôte fans-doute le pouvoir de faire la paix.   Ainfi un Roi en bas âge, ou en démence, ne peut traiter de la paix : Cela n'a pas befoin de preuve.   Mais on demande, fi un Roi prifonnier de Guerre peut faire la paix, ou conclure validement le Traité ? Quelques Auteurs célébres (*a*) diftinguent ici entre le Roi dont le Royaume eft *Patrimonial*, & celui qui n'en a que l'ufufruit.   Nous croyons avoir détruit cette idée fauffe & dangereufe, de Royaume Patrimonial *, & fait voir évidemment, qu'elle doit fe réduire au feul pouvoir confié au Souverain, de défigner fon Succeffeur, de donner un autre Prince à l'Etat, & d'en démembrer quelques parties, s'il le juge convenable ; le tout conftamment pour le bien de la Nation, en vûë de fon plus grand avantage.   Tout Gouvernement légitime, quel qu'il puiffe être, eft uniquement établi pour le bien & le falut de l'Etat.   Ce principe inconteftable une fois pofé, la Paix n'eft plus l'affaire propre du Roi ; c'eft celle de la Nation.   Or il eft certain qu'un Prince captif ne peut adminiftrer l'Empire, vac[quer] aux affaires du Gouvernement.   Celui qui [n'eft pas] libre, commandera-t-il à une Nation? [Comm]ent la gouverneroit-il au plus grand a[vanta]ge du peuple, & pour le falut public ? Il [ne p]erd pas fes droits, il eft vrai; mais fa capti[vité] lui ôte la faculté de les exercer, parce qu'il

n'eft

(*a*) *Vide* Wolf. Jus Gent. §. 982.
* V. le D. d. G. Liv. 1. §§. 68. & fuiv.

n'eſt pas en état d'en diriger l'uſage à ſa fin légitime : C'eſt le cas d'un Roi mineur, ou de celui dont la raiſon eſt altérée. Il faut alors que
celui, ou ceux, qui ſont appellés à la Régence,
par les Loix de l'Etat, prennent les rênes du
Gouvernement. C'eſt à eux de traiter de la
paix, d'en arrêter les Conditions, & de la conclure, ſuivant les Loix.

Le Souverain captif peut la négocier lui-même & promettre ce qui dépend de lui perſon-
nellement; mais le Traité ne devient obligatoire pour la Nation, que quand il eſt ratifié
par elle-même, ou par ceux qui ſont dépoſi-
taires de l'Autorité publique, pendant la capti-
vité du Prince, ou enfin par lui même, après
ſa délivrance.

Au reſte, ſi l'Etat doit, autant qu'il ſe peut,
délivrer le moindre des Citoyens, qui a perdu
ſa Liberté pour la Cauſe publique, à plus forte
raiſon eſt-il tenu de cette obligation envers ſon
Souverain, envers ce Conducteur, dont les
ſoins, les veilles & les travaux ſont conſacrés au
bonheur & au ſalut communs. Le Prince, fait
priſonnier à la Guerre, n'eſt tombé dans un é-
tat, qui eſt le comble de la miſère pour un
homme d'une Condition ſi relevée, qu'en com-
battant pour ſon peuple; ce même peuple héſi-
tera-t-il à le délivrer au prix des plus grands
ſacrifices? Rien, ſi ce n'eſt le ſalut même de
l'Etat, ne doit être ménagé, dans une ſi triſte
occaſion. Mais le ſalut du peuple eſt, en toute

té rencontre, la Loi suprême; & dans cette dure extrémité, un Prince généreux imitera l'exemple de REGULUS.   Ce Héros Citoyen, renvoyé à Rome sur sa parole, dissuada les Romains de le délivrer par un Traité honteux, quoiqu'il n'ignorât pas les supplices, que lui réservoit la cruauté des Carthaginois (*a*).

§. 14. Lorsqu'un injuste Conquérant, ou tout autre Usurpateur a envahi le Royaume; dès que les peuples se sont soumis à lui, & par un hommage volontaire, l'ont reconnu pour leur Souverain, il est en possession de l'empire. Les autres Nations, qui n'ont aucun droit de s'ingérer dans les affaires domestiques de celle-ci, de se mêler de son Gouvernement, doivent s'en tenir à son jugement & suivre la possession. Elles peuvent donc traiter de la Paix avec l'Usurpateur, & la conclure avec lui.   Par là elles ne blessent point le droit du Souverain légitime. Ce n'est point à elles d'examiner ce droit, & d'en juger; elles le laissent pour ce qu'il est, & s'attachent uniquement à la possession, dans les affaires qu'elles ont avec ce Royaume, suivant leur propre droit & celui de l'Etat, dont la Souveraineté est disputée.   Mais cette règle n'empêche pas qu'elles ne puissent épouser la querelle du Roi dépouillé, si elles la trouvent juste, & lui donner secours: Alors elles se déclarent enne-

ne-

(*a*) Voyez TIT. LIV, *Epitom.* Lib. XVIII. & les autres Historiens.

Partie II.   T

nemies de la Nation qui a reconnu son Rival, comme elles ont la liberté, quand deux Peuples différens sont en guerre, d'assister celui qui leur paroît le mieux fondé.

§. 15. La Partie principale, le Souverain au nom de qui la Guerre s'est faite, ne peut avec justice faire la paix, sans y comprendre ses Alliés, j'entens ceux qui lui ont donné du secours sans prendre part directement à la Guerre. C'est une précaution nécessaire pour les garentir du ressentiment de l'ennemi. Car bien que celui-ci ne doive pas s'offenser contre des Alliés de son ennemi, qui engagés seulement à la défensive, ne font autre chose que remplir fidèlement leurs Traités *; il est trop ordinaire que les passions déterminent plûtôt les démarches des hommes, que la justice & la raison. Si ces Alliés ne le sont que depuis la Guerre, & à l'occasion de cette même Guerre; quoiqu'ils ne s'y engagent pas de toutes leurs forces, ni directement comme Parties principales, ils donnent cependant à celui contre qui ils s'allient, un juste sujet de les traiter en ennemis. Celui qu'ils ont assisté, ne peut négliger de les comprendre dans la Paix.

Mais le Traité de la Partie principale n'oblige ses Alliés, qu'autant qu'ils veulent bien l'accepter, à moins qu'ils ne lui ayent donné tout pouvoir de traiter pour eux. En les comprenant dans son Traité, elle acquiert seulement contre

son

* V. le D. d. G. Liv. III. §. 101.

son Ennemi réconcilié, le droit d'exiger qu'il n'attaque point ces Alliés, à raison des secours qu'ils ont donnés contre lui ; qu'il ne les moleste point & qu'il vive en paix avec eux, comme si rien n'étoit arrivé.

§. 16. Les Souverains qui se sont associés pour la Guerre, tous ceux qui y ont pris part directement, doivent faire leur Traité de paix, chachun pour soi. C'est ainsi que cela s'est pratiqué à *Nimègue*, à *Riswick*, à *Utrecht*. Mais l'Alliance les oblige à traiter de concert. De sçavoir en quels cas un Associé peut se détacher de l'Alliance, & faire sa paix particulière ; c'est une question, que nous avons examinée en traitant des Sociétés de Guerre *, & des Alliances en général **.

§. 17. Souvent deux Nations, également lasses de la Guerre, ne laissent pas de la continuer, par la seule raison, que chacune craint de faire des avances, qui pourroient être imputées à foiblesse ; ou elles s'y opiniâtrent par animosité, & contre leurs véritables intérêts. Alors des Amis communs interposent avec fruit leurs bons Offices, en s'offrant pour Médiateurs. C'est un Office bien salutaire, & bien digne d'un grand Prince, que celui de réconcilier deux Nations ennemies & d'arrêter l'effusion du sang humain ; c'est un devoir sacré, pour ceux qui ont les moyens d'y réussir. Nous nous bornons à cette

T 2

seu-

* V. ci-dessus, Part. I. Chap. VI.
** V. le D. d. G. Liv. II. Chap. XII. & XV.

feule réfléxion, fur une matière déja traitée ailleurs *.

§. 18. Le Traité de Paix ne peut être qu'une Transaction. Si l'on devoit y obferver les règles d'une Juftice exacte & rigoureufe, enforte que chacun reçût précifément tout ce qui lui appartient, la Paix deviendroit impoffible. Prémièrement, à l'égard du fujet même qui a donné lieu à la Guerre, il faudroit que l'un des Partis reconnût fon tort, & condamnât lui-même fes injuftes prétentions ; ce qu'il fera difficilement, tant qu'il ne fera pas réduit aux dernières extrémités. Mais s'il avouë l'injuftice de fa Caufe, il doit paffer condamnation fur tout ce qu'il a fait pour la foutenir : Il faut qu'il rende ce qu'il a pris injuftement, qu'il rembourfe les fraix de la Guerre, qu'il répare les dommages. Et comment faire une jufte eftimation de tous les dommages? A quoi taxera-t-on le fang répandu, la perte d'un grand nombre de Citoyens, la défolation des familles? Ce n'eft pas tout encore. La Juftice rigoureufe exigeroit de plus, que l'Auteur d'une Guerre injufte fût foumis à une peine proportionnée aux injures, dont il doit une fatisfaction, & capable de pourvoir à la fûreté future de celui qu'il a attaqué. Comment déterminer la nature de cette peine, en marquer précifément le dégré? Enfin celui-là même, de qui les armes font juftes, peut avoir paffé les bornes d'une jufte défenfe, porté à l'ex-

cès

* V. le D. d. G. Liv. II. §. 328.

cès des hostilités, dont le but étoit légitime; autant de torts, dont la justice rigoureuse demanderoit la réparation. Il peut avoir fait des Conquêtes & un butin, qui excédent la valeur de ce qu'il avoit à prétendre. Qui en fera le calcul exact, la juste estimation? Puis donc qu'il seroit affreux de perpétuer la Guerre, de la pousser jusqu'à la ruïne entière de l'un des partis, & que dans la Cause la plus juste, on doit penser enfin à rétablir la paix, & tendre constamment à cette fin salutaire; il ne reste d'autre moyen que de transiger sur toutes les prétentions, sur tous les griefs de part & d'autre, & d'anéantir tous les différends, par une Convention, la plus équitable qu'il soit possible. On n'y décide point la Cause même de la Guerre, ni les coutroverses, que les divers actes d'hostilité, pourroient exciter; ni l'une, ni l'autre des Parties n'y est condamnée comme injuste? il n'en est guères qui voulût le souffrir: Mais on y convient de ce que chacun doit avoir, en extinction de toutes ses prétentions.

§. 19. L'effet du Traité de Paix est de mettre fin à la Guerre, & d'en abolir le sujet. Il ne laisse aux Parties contractantes aucun droit de commettre des actes d'hostilité, soit pour le sujet même qui avoit allumé la Guerre, soit pour tout ce qui s'est passé dans son cours. Il n'est donc plus permis de reprendre les armes pour le même sujet. Aussi voyons-nous que dans ces Traités, on s'engage réciproquement à une *Paix*

per-

perpétuelle. Ce qu'il ne faut pas entendre comme si les Contractans promettoient de ne se faire jamais la Guerre, pour quelque sujet que ce soit. La Paix se rapporte à la Guerre qu'elle termine; & cette Paix est réellement perpétuelle, si elle ne permet pas de réveiller jamais la même Guerre, en reprenant les armes pour la cause qui l'avoit allumée.

Au reste, la Transaction spéciale sur une Cause, n'éteint que le moyen seul, auquel elle se rapporte; & elle n'empêcheroit point qu'on ne pût dans la suite, sur d'autres fondemens, former de nouvelles prétentions à la chose même. C'est pourquoi on a communément soin d'exiger une Transaction générale, qui se rapporte à la chose même controversée, & non pas seulement à la Controverse présente; on stipule une renonciation générale à toute prétention quelconque sur la chose dont il s'agit. Et alors, quand même, par de nouvelles raisons, celui qui a renoncé se verroit un jour en état de démontrer, que cette chose-là lui appartenoit, il ne seroit plus reçû à la reclamer.

§. 20. L'*Amnistie* est un oubli parfait du passé; & comme la Paix est destinée à mettre à néant tous les sujets de discorde, ce doit être là le prémier Article du Traité. C'est aussi à quoi on ne manque pas aujourd'hui. Mais quand le Traité n'en diroit pas un mot, l'*Amnistie* y est nécessairement comprise, par la nature même de la Paix.

§. 21.

§. 21. Chacune des Puissances qui se font la guerre prétendant être fondée en justice, & personne ne pouvant juger de cette prétention *; l'état où les choses se trouvent, au moment du Traité, doit passer pour légitime, & si l'on veut y apporter du changement, il faut que le Traité en fasse une mention expresse. Par conséquent, toutes les choses, dont le Traité ne dit rien, doivent demeurer dans l'état, où elles se trouvent lors de sa conclusion. C'est aussi une conséquence de l'Amnistie promise. Tous les dommages causés pendant la guerre, sont pareillement mis en oubli; & l'on n'a aucune action pour ceux, dont la réparation n'est pas stipulée dans le Traité: Ils sont regardés comme non-avenus.

§. 22. Mais on ne peut étendre l'effet de la Transaction, ou de l'Amnistie, à des choses, qui n'ont aucun rapport à la Guerre terminée par le Traité. Ainsi des répétitions fondées sur une Dette, ou sur une injure antérieure à la Guerre, mais qui n'a eû aucune part aux raisons qui l'ont fait entreprendre, demeurent en leur entier, & ne sont point abolies par le Traité, à moins qu'on ne l'ait expressément étendu à l'anéantissement de toute prétention quelconque. Il en est de même des Dettes, contractées pendant la Guerre, mais pour des sujets qui n'y ont aucun rapport, ou des injures, faites aussi pen-

T 4

dant

* V. le D. d. G. Liv. III. §. 188.

dant sa durée, mais sans rélation à l'état de Guerre.

Les Dettes contractées envers des particuliers, ou les torts qu'ils peuvent avoir reçûs d'ailleurs, sans rélation à la Guerre, ne sont point abolis non plus par la Transaction & l'Amnistie, qui se rapportent uniquement à leur objet, sçavoir, à la Guerre, à ses causes & à ses effets. Ainsi deux sujets de Puissances ennemies contractant ensemble en pays neutre, ou l'un y recevant quelque tort de l'autre, l'accomplissement du Contract, ou la réparation de l'injure & du dommage pourra être poursuivie après la conclusion du Traité de Paix.

Enfin, si le Traité porte que toutes choses seront rétablies dans l'état où elles étoient avant la Guerre; cette Clause ne s'entend que des Immeubles, & elle ne peut s'étendre aux choses mobiliaires, au butin, dont la propriété passe d'abord à ceux qui s'en emparent, & qui est censé abandonné par l'ancien maître, à cause de la difficulté de le reconnoître, & du peu d'espérance de le recouvrer.

§. 23. Les Traités anciens, rappellés & confirmés dans le dernier, font partie de celui-ci, comme s'ils y étoient renfermés & transcrits de mot à mot: Et dans les nouveaux Articles qui se rapportent aux anciennes Conventions, l'interprétation doit se faire suivant les Règles données ailleurs.*

CHA-

* V. le D. d. G. Liv. II. Chap. XVII. & en particulier au paragraphe 286.

CHAPITRE III.
De l'exécution du Traité de Paix.

§. 24.

LE Traité de Paix oblige les Parties contractantes du moment qu'il est conclu, aussi-tôt
qu'il a reçû toute sa forme ; & elles doivent en
procurer incessamment l'exécution. Il faut que
toutes les hostilités cessent dès-lors, à moins
que l'on n'ait marqué un jour, auquel la Paix
doit commencer. Mais ce Traité n'oblige les
sujets, que du moment qu'il leur est notifié. Il
en est ici comme de la Trève *. S'il arrive que
des gens de guerre commettent, dans l'étenduë
de leurs fonctions & en suivant les règles de leurs
devoirs, quelques hostilités, avant que le Traité de Paix soit dûement venu à leur connoissan-
ce ; c'est un malheur, dont ils ne peuvent être
punis, mais le Souverain, déja obligé à la paix,
doit faire restituer ce qui a été pris depuis qu'elle est concluë, il n'a aucun droit de le retenir.

§. 25. Et afin de prévenir ces funestes acci-
dens, qui peuvent coûter la vie à plusieurs innocens, on doit publier la Paix sans délai, au
moins pour les gens de guerre. Mais aujourd'-
hui, que les peuples ne peuvent entreprendre
d'eux-mêmes aucun acte d'hostilité, & qu'ils
ne se mêlent pas de la Guerre, la publication

T 5

solem-

* V. ci-dessus Part. I. §. 239.

folemnelle de la Paix peut fe différer, pourvû que l'on mette ordre à la ceffation des hoftilités; ce qui fe fait aifément, par le moyen des Généraux, qui dirigent toutes les opérations, ou par un Armiftice publié à la tête des Armées. La Paix faite en 1735. entre l'Empereur & la France, ne fut publiée que long-tems après. On attendit que le Traité en fût digéré à loifir; les points les plus importans ayant été règlés dans les Préliminaires. La publication de la Paix remet les deux Nations dans l'état où elles fe trouvoient avant la Guerre: Elle rouvre entre elles un libre Commerce, & permet de nouveau aux Sujets de part & d'autre, ce qui leur étoit interdit par l'état de Guerre. Le Traité devient par la publication, une Loi pour les Sujets, & ils font obligés de fe conformer deformais aux difpofitions dont on y eft convenu. Si, par exemple, le Traité porte que l'une des deux Nations s'abftiendra d'un certain Commerce, tous les membres de cette Nation feront obligés de renoncer à ce Commerce, du moment que le Traité fera publié.

§. 26. Lorfqu'on n'a point marqué de terme, pour l'accompliffement du Traité, & pour l'éxécution de chacun des Articles; le bon-fens dit que chaque point doit être éxécuté auffi-tôt qu'il eft poffible: C'eft fans doute ainfi qu'on l'a entendu. La foi des Traités exclut également, dans leur éxécution, toute négligence, toute lenteur, & tous délais affectés.

§. 27.

§. 27. Mais, en cette matière comme en toute autre, une excuse légitime, fondée sur un empêchement réel & insurmontable, doit être admise; car personne n'est tenu à l'impossible. L'empêchement, quand il n'y a point de la faute du promettant, anéantit une promesse qui ne peut être remplie par un équivalent, & dont l'éxécution ne peut se remettre à un autre tems. Si la promesse peut être remplie en une autre occasion, il faut accorder un délai convenable. Supposons que, par le Traité de paix, l'une des Parties ait promis à l'autre un Corps de Troupes Auxiliaires: Elle ne sera point tenuë à le fournir, s'il arrive qu'elle en ait un besoin pressant, pour sa propre défense: Qu'elle ait promis une certaine quantité de bled par année; on ne pourra les exiger, lorsqu'elle souffre la disette: Mais quand elle se retrouvera dans l'abondance, elle devra livrer, si on l'exige, ce qui est demeuré en arrière.

§. 28. L'on tient encore pour maxime, que le Promettant est dégagé de sa Promesse, lorsque s'étant mis en devoir de la remplir, aux termes de son engagement, celui à qui elle étoit faite, l'a empêché lui-même de l'accomplir : On est censé remettre une Promesse, dont on empêche soi-même l'éxécution. Disons donc encore, que si celui qui a promis une chose par le Traité de paix, étoit prêt à l'effectuer dans le tems convenu, ou tout de suite & en tems convenable, s'il n'y a point de terme marqué, & que l'autre Partie ne l'ait pas voulu; le Promettant eſt quitte de ſa Promeſſe. Car l'Acceptant ne s'étant pas réſervé le droit d'en fixer l'exécution à ſa volonté, il eſt cenſé y renoncer, lorſqu'il ne l'accepte pas dans le tems convenable, & pour lequel la promeſſe a été faite. S'il demande que la preſtation ſoit remiſe à un autre tems; la bonne foi exige que le Promettant conſente au délai, à moins qu'il ne faſſe voir par de bonnes raiſons, que la Promeſſe lui deviendroit alors plus onéreuſe.

§. 29. Lever des Contributions eſt un acte d'hoſtilité, qui doit ceſſer dès que la Paix eſt concluë (§. 24.). Celles qui ſont déja promiſes, & non encore payées, ſont dûes, & ſe peuvent exiger à titre de choſe dûe. Mais pour éviter toute difficulté, il faut s'expliquer nettement & en détail, ſur ces ſortes d'articles; & on a ſoin ordinairement de le faire.

§. 30. Les fruits des choſes reſtituées à la paix ſont dûs dès l'inſtant marqué pour l'exécution: S'il n'y a point de terme fixé, les fruits ſont dûs dès le moment que la reſtitution des choſes a été accordée; mais on ne rend pas ceux qui étoient échûs, ou cueillis, avant la concluſion de la Paix. Car les fruits ſont au Maître du Fonds; & ici la poſſeſſion eſt tenuë pour un titre légitime. Par la même raiſon, en cédant un Fonds, on ne céde pas en même-tems les fruits qui ſont déja dûs. C'eſt ce qu'AUGUSTE ſoutint avec raiſon, contre

SEX-

SEXTUS POMPE'E, qui prétendoit, lorsqu'on lui eût donné le Péloponnèse, se faire payer les Impôts des années précédentes (*a*).

§. 31. Les choses dont la restitution est simplement stipulée dans le Traité de paix, sans autre explication, doivent être renduës dans l'état où elles ont été prises, car le terme de restitution signifie naturellement le rétablissement de toutes choses dans leur prémier état. Ainsi, en restituant une chose, on doit rendre en même tems les droits, qui y étoient attachés lorsqu'elle a été prise. Mais il ne faut pas comprendre sous cette règle, les changemens, qui peuvent avoir été une suite naturelle, un effet de la Guerre même & de ses opérations. Une Place sera renduë dans l'état où elle étoit quand on l'a prise, autant qu'elle se trouvera encore dans ce même état, à la conclusion de la Paix. Mais si la Place a été rasée, ou démantelée, pendant la Guerre; elle l'a été par le droit des armes, & l'Amnistie met à néant ce dommage. On n'est pas tenu à rétablir un pays ravagé, que l'on rend à la Paix: On le rend tel qu'il se trouve. Mais comme ce seroit une insigne perfidie que de dévaster ce pays, après la paix faite, & avant que de le rendre; il en est de même d'une Place, dont la Guerre a épargné les fortifications: La démanteler, pour la rendre, seroit un trait de mauvaise foi. Si le vainqueur

en

(*a*) APPIAN *de Bell. Civ.* Lib. V. cité par GROTIUS Lib. II. Chap. XX. §. XXII.

en a réparé les bréches, s'il l'a rétablie dans l'état où elle étoit avant le siège, il doit la rendre dans ce même état.   Mais s'il y a ajoûté quelques Ouvrages, il peut les démolir.   Que s'il a rasé les anciennes fortifications, pour en construire de nouvelles; il sera nécessaire de convenir sur cette amélioration, ou de marquer précisément en quel état la Place doit être renduë.   Il est bon même, pour prévenir toute chicane & toute difficulté, de ne jamais négliger cette dernière précaution.   Dans un Instrument destiné à rétablir la Paix, on ne doit, s'il se peut, laisser aucune ambiguïté, rien qui soit capable de rallumer la Guerre.   Ce n'est point là, je le sçai, la méthode de ceux qui s'estiment aujourd'hui les plus habiles Négociateurs.   Ils s'étudient, au contraire, à glisser dans un Traité de Paix, des Clauses obscures, ou ambiguës, afin de réserver à leur Maître un prétexte de brouiller de nouveau, & de reprendre les armes, à la prémière occasion favorable.   On a déja remarqué ailleurs * combien cette misérable finesse est contraire à la Foi des Traités.   Elle est indigne de la candeur & de la noblesse, qui doivent éclater dans toutes les actions d'un grand Prince.

§. 32. Mais comme il est bien difficile qu'il ne se trouve quelque ambiguïté dans un Traité, dressé même avec tout le soin & toute la bonne foi possible, ou qu'il ne survienne quelque difficulté dans l'application de ses Clauses aux cas

par-

* V. le D. d. G. Liv. II. §. 231.

particuliers; il faudra souvent recourir aux règles d'Interprétation. On a consacré un
Chapitre entier à l'exposition de ces Règles importantes (*a*), & nous ne nous jetterons point
ici dans des répétitions ennuyeuses. Bornons-
nous à quelques Règles, qui conviennent plus
particulièrement à l'espèce, aux Traités de Paix.
1mo. En cas de doute, l'interprétation se fait
contre celui qui a donné la loi dans le Traité.
Car c'est lui, en quelque façon, qui l'a dicté :
C'est sa faute, s'il ne s'est pas énoncé plus clairement; & en étendant, ou resserrant la significa-
tion des termes, dans le sens qui lui est le
moins favorable, ou on ne lui fait aucun tort,
ou on ne lui fait que celui auquel il a bien voulu s'exposer; mais par une interprétation contraire, on risqueroit de tourner des termes vagues, ou ambigus, en pièges pour le plus foible Contractant, qui a été obligé de recevoir ce
que le plus fort a dicté.

§. 33. 2do. Le nom des pays cédés par le
Traité doit s'entendre suivant l'usage reçû alors
par les personnes habiles & intelligentes. Car
on ne présume point que des ignorants ou des
sots soient chargés d'une chose aussi importante
que l'est un Traité de paix ; & les dispositions
d'un Contrat doivent s'entendre de ce que les
Contractans ont eû vraisemblablement dans l'e-
sprit, puisque c'est sur ce qu'ils ont dans l'esprit
qu'ils contractent.

§. 34. 3me. Le Traité de Paix ne se rapporte
naturellement & de lui-même qu'à la Guerre,

(*a*) V. le D. d. G. Liv. II. Chap. XVII.

à laquelle il met fin. Ses Clauses vagues ne doivent donc s'entendre que dans cette relation. Ainsi la simple stipulation du rétablissement des choses dans leur état, ne se rapporte point à des changemens, qui n'ont pas été opérés par la Guerre même. Cette Clause générale, ne pourra donc obliger l'une des Parties à remettre en Liberté un Peuple libre, qui se sera donné volontairement à elle, pendant la Guerre. Et comme un Peuple abandonné par son Souverain, devient libre, & maître de pourvoir à son salut comme il l'entend *; si ce Peuple, dans le cours de la Guerre, s'est donné & soumis volontairement à l'Ennemi de son ancien Souverain, sans y être contraint par la force des armes ; la promesse générale de rendre les Conquêtes ne s'étendra point jusqu'à lui. En vain dira-t-on que celui qui demande le rétablissement de toutes choses sur l'ancien pied, peut avoir intérêt à la Liberté du prémier des peuples dont nous parlons, & qu'il en a visiblement un très-grand à la restitution du second. S'il vouloit des choses, que la Clause générale ne comprend point d'elle-même, il devoit s'en expliquer clairement & spécialement. On peut insérer toute sorte de Conventions dans un Traité de paix; mais si elles n'ont aucun rapport à la Guerre qu'il s'agit de terminer, il faut les énoncer bien expressément; car le Traité ne s'entend naturellement que de son objet.

CHA-

* V. le D. d. G. Liv. I. §. 202.

CHAPITRE IV.

De l'observation & de la rupture du Traité de Paix.

§. 35.

LE Traité de Paix, conclu par une Puissance légitime, est sans-doute un Traité public, qui oblige toute la Nation. * Il est encore, par sa nature, un Traité réel ; car s'il n'étoit fait que pour la vie du Prince, ce seroit un Traité de Trève, & non pas de Paix. D'ailleurs tout Traité, qui, comme celui-ci, est fait en vuë du bien public, est un Traité réel. **   Il oblige donc les Successeurs, aussi fortement que le Prince même qui l'a signé; puisqu'il oblige l'Etat même, & que les Successeurs ne peuvent jamais avoir, à cet égard, d'autres droits que ceux de l'Etat.

§. 36. Après tout ce que nous avons dit de la Foi des Traités, de l'obligation indispensable qu'ils imposent, il seroit superflu de s'étendre à montrer en particulier, combien les Souverains & les peuples doivent être religieux observateurs des Traités de paix. Ces Traités intéressent & obligent les Nations entières; ils sont de la dernière importance; leur rupture rallume infail-
lible-

---

* V. le D. de G. Liv. II. §. 154.
** *ibid.* §. 189.

Partie II.   U

liblement la Guerre : Toutes raisons, qui donnent une nouvelle force à l'obligation de garder la foi, de remplir fidèlement ses promesses.

§. 37. On ne peut se dégager d'un Traité de Paix, en alléguant qu'il a été extorqué par la crainte, ou arraché de force. Prémièrement, si cette exception étoit admise, elle sapperoit par les fondemens toute la sûreté des Traités de paix ; car il en est peu contre lesquels on ne pût s'en servir, pour couvrir la mauvaise foi. Autoriser une pareille défaite, ce seroit attaquer la sûreté commune & le salut des Nations : La maxime seroit exécrable, par les mêmes raisons, qui rendent la foi des Traités sacrée dans l'Univers. *   D'ailleurs, il seroit presque toûjours honteux & ridicule, d'alléguer une pareille exception. Il n'arrive guères aujourd'hui que l'on attende les dernières extrémités, pour faire la paix : Une Nation, bien que vaincuë en plusieurs batailles, peut encore se défendre ; elle n'est pas sans ressource, tant qu'il lui reste des hommes & des armes. Si, par un Traité desavantageux, elle trouve à propos de se procurer une Paix nécessaire ; si elle se rachette d'un danger imminent, d'une ruine entière, par de grands sacrifices ; ce qui lui reste est encore un bien, qu'elle doit à la Paix ; Elle s'est déterminée librement à préférer une perte certaine & présente,

* V. le Dr. de G. Liv. II. §. 220.

sente, mais bornée, à un danger encore à venir, mais trop probable, & terrible.

Si jamais l'exception de la contrainte peut être alléguée, c'est contre un acte, qui ne mérite pas le nom de Traité de paix, contre une soumission forcée à des Conditions, qui blessent également la Justice & tous les devoirs de l'humanité. Qu'un avide & injuste Conquérant subjugue une Nation, qu'il la force à accepter des Conditions dures, honteuses, insupportables ; la nécessité la contraint à se soumettre. Mais ce repos apparent n'est pas une Paix : C'est une oppression, que l'on souffre, tandis qu'on manque de moyens pour s'en délivrer, & contre laquelle des gens de cœur se soulèvent, à la première occasion favorable. Lorsque FERNAND CORTEZ attaquoit l'Empire du Méxique, sans aucune ombre de raison, sans le moindre prétexte apparent; si l'infortuné MONTEZUMA eût pû racheter sa Liberté en se soumettant à des Conditions également dures & injustes, à recevoir Garnison dans ses Places & dans sa Capitale, à payer un Tribut immense, à obéir aux ordres du Roi d'Espagne: De bonne-foi, dira-t-on qu'il n'eût pû avec justice saisir une occasion favorable, pour rentrer dans ses droits & délivrer son peuple; pour chasser, pour exterminer des Usurpateurs avides, insolens & cruels ? Non, non; on n'avancera pas sérieusement une si

U 2

gran-

grande abſurdité. Si la Loi Naturelle veille au ſalut & au repos des Nations, en recommandant la fidélité dans les Promeſſes ; elle ne favoriſe pas les Oppreſſeurs. Toutes ſes Maximes vont au plus grand bien de l'humanité : C'eſt la grande fin des Loix & du Droit. Celui qui rompt lui-même tous les liens de la Société humaine, pourra-t-il les réclamer ? S'il arrive qu'un Peuple abuſe de cette maxime, pour ſe ſoulever injuſtement & recommencer la Guerre ; il vaut mieux s'expoſer à cet inconvénient, que de donner aux Uſurpateurs un moyen aiſé, d'éterniſer leurs injuſtices, & d'aſſeoir leur uſurpation ſur un fondement ſolide. Mais quand vous voudriez prêcher une Doctrine, qui s'oppoſe à tous les mouvemens de la Nature, à qui la perſuaderez-vous.

§. 38. Les Accommodemens équitables, ou au moins ſupportables, méritent donc ſeuls le nom de Traités de Paix : Ce ſont ceux-là, où la Foi publique eſt engagée, & que l'on doit garder fidèlement, bien qu'on les trouve durs & onéreux, à divers égards. Puiſque la Nation y a conſenti, il faut qu'elle les ait regardés encore comme un bien, dans l'état où étoient les choſes ; & elle doit reſpecter ſa parole. Si l'on pouvoit défaire dans un tems, ce que l'on a été bien-aiſe de faire dans un autre, il n'y auroit rien de ſtable parmi les hommes.

Rom-

Rompre le Traité de Paix, c'est en violer les engagemens, soit en faisant ce qu'il défend, soit en ne faisant pas ce qu'il prescrit. Or on peut manquer aux engagemens du Traité en trois manières différentes: ou par une conduite contraire à la nature & à l'essence de tout Traité de Paix en général; ou par des procédés incompatibles avec la nature particulière du Traité; ou enfin en violant quelqu'un de ses Articles exprès.

§. 39. 1º. On agit contre la nature & l'essence de tout Traité de Paix elle-même, quand on la trouble sans sujet, soit en prenant les armes & recommençant la Guerre, quoiqu'on ne puisse alléguer même un prétexte tant-soit-peu plausible; soit en offensant de gaieté de cœur celui avec qui on a fait la paix, & en le traitant, lui ou ses sujets, d'une manière incompatible avec l'état de paix, & qu'il ne peut souffrir, sans se manquer à soi-même. C'est encore agir contre la nature de tout Traité de paix, que de reprendre les armes pour le même sujet, qui avoit allumé la Guerre, ou par ressentiment de quelque chose, qui s'est passée dans le cours des hostilités. Si l'on ne peut se couvrir au moins d'un prétexte spécieux, emprunté de quelque sujet nouveau; on ressuscite manifestement la Guerre qui avoit pris fin, & on rompt le Traité de Paix.

U 3 §. 40.

§. 40. Mais prendre les armes pour un ſujet nouveau, ce n'eſt pas rompre le Traité de paix. Car bien que l'on ait promis de vivre en paix, on n'a pas promis, pour cela, de ſouffrir l'injure & toute ſorte d'injuſtice, plûtôt que de s'en faire raiſon par la voie des armes. La rupture vient de celui, qui, par ſon injuſtice obſtinée, rend cette voie néceſſaire.

Mais il faut ſe ſouvenir ici de ce que nous avons obſervé plus d'une fois: ſçavoir, que les Nations ne reconnoiſſent point de Juge commun ſur la terre, qu'elles ne peuvent ſe condamner mutuellement ſans appel, & qu'elles ſont enfin obligées d'agir dans leurs querelles, comme ſi l'une & l'autre étoit également dans ſes droits. Sur ce pied-là, que le ſujet nouveau, qui donne lieu à la Guerre, ſoit juſte, ou qu'il ne le ſoit pas; ni celui qui en prend occaſion de courrir aux armes, ni celui qui refuſe ſatisfaction, n'eſt réputé rompre le Traité de paix: pourvû que le ſujet de plainte, & le refus de ſatisfaction aient de part & d'autre au moins quelque couleur, enſorte que la queſtion ſoit litigieuſe. Il ne reſte aux Nations d'autre voie que les armes, quand elles ne peuvent convenir de rien, ſur une queſtion de cette nature. C'eſt alors une Guerre nouvelle, qui ne touche point au Traité.

§. 41.

§. 41. Et comme en faisant la paix, on ne renonce point par cela même au droit de faire des Alliances & d'assister ses Amis; ce n'est pas non plus rompre le Traité de paix, que de s'allier dans la suite & de se joindre aux ennemis de celui avec qui on l'a conclu, d'épouser leur querelle & d'unir ses armes aux leurs; à moins que le Traité de paix ne le défende expressément: C'est tout au plus commencer une Guerre nouvelle, pour la Cause d'autrui.

Mais je suppose que ces nouveaux Alliés ont quelque sujet plausible de prendre les armes, & qu'on a de bonnes & justes raisons de les soutenir; car s'il en étoit autrement, s'allier avec eux, justement lorsqu'ils vont entrer en Guerre, ou lorsqu'ils l'ont commencée, ce seroit manifestement chercher un prétexte, pour éluder le Traité de paix; ce seroit le rompre avec une artificieuse perfidie.

§. 42. Il est très-important de bien distinguer entre une Guerre nouvelle & la rupture du Traité de Paix.; parceque les Droits acquis par ce Traité subsistent, malgré la Guerre nouvelle.; au lieu qu'ils sont éteints par la rupture du Traité, sur lequel ils étoient fondés. Il est vrai que celui qui avoit accordé ces Droits, en suspend sans-doute l'exercice, pendant la Guerre, autant qu'il est en son pouvoir, & peut même en dépouiller entièrement son Ennemi, par le Droit de la

U 4

Guer-

Guerre, comme il peut lui ôter ses autres biens. Mais alors il tient ces Droits comme choses prises sur l'Ennemi, & celui-ci peut en presser la restitution, au nouveau Traité de paix. Il y a bien de la différence, dans ces sortes de Négociations, entre exiger la restitution de ce qu'on possédoit avant la Guerre, & demander des concessions nouvelles : Un peu d'égalité dans les succès, suffit pour insister sur le prémier; le second ne s'obtient que par une supériorité décidée. Il arrive souvent, quand les armes sont à-peu-près égales, que l'on convient de rendre les Conquêtes & de rétablir toutes choses dans leur état : Et alors, si la Guerre étoit nouvelle, les anciens Traités subsistent; mais s'ils ont été rompus par la prise d'armes, & la prémi ère Guerre ressuscitée, ces Traités demeurent anéantis : & si l'on veut qu'ils règnent encore, il faut que le nouveau Traité les rappelle & les rétablisse expressément.

La question dont nous traitons est encore très-importante par rapport aux autres Nations, qui peuvent être intéressées au Traité, invitées par leurs propres affaires, à en maintenir l'observation. Elle est essentielle pour les Garants du Traité, s'il y en a, & pour des Alliés, qui ont à reconnoître le cas, où ils doivent des sécours. Enfin celui qui rompt un Traité solemnel, est beaucoup plus odieux que cet autre, qui forme

&

& soutient par les armes une prétention mal fondée. Le prémier ajoûte à l'injustice la perfidie: Il attaque le fondement de la tranquillité publique ; & blessant par-là toutes les Nations, il leur donne sujet de se réunir contre lui, pour le réprimer. C'est pourquoi, comme on doit être réservé à imputer ce qui est plus odieux, GROTIUS observe avec raison, qu'en cas de doute, & lorsque la prise d'armes peut s'appuyer de quelque prétexte plausible, fondé sur une cause nouvelle; *il vaut mieux présumer dans le fait de celui qui reprend les armes, de l'injustice sans perfidie, que de le regarder comme coupable en même-tems de mauvaise foi & d'injustice.* (a)

§. 43. La juste défense de soi-même ne rompt point le Traité de paix. C'est un droit naturel, auquel on ne peut renoncer ; & en promettant de vivre en paix, on promet seulement de ne point attaquer sans sujet, de s'abstenir d'injure & de violence. Mais il y a deux manières de se défendre soi-même, ou ses biens : Quelquefois la violence ne permet d'autre remède que la force; & alors, on en fait usage très-légitimement. En d'autres occasions, il y a des moyens plus doux d'obtenir la réparation du dommage & de l'injure : Il faut toûjours préférer ces derniers moyens. Telle est la règle de la conduite que doivent tenir deux Nations soigneuses de con-

U 5   ser-

(a) V. ci-dessus Part. I. Chap. XX. §. XXVIII.

ferver la Paix, quand il arrive que les fujets, de part ou d'autre, s'échappent à quelque violence. La force préfente, fe repouffe & fe réprime par la force : Mais s'il eft queftion de pourfuivre la réparation du dommage & une jufte fatisfaction; il faut s'addreffer au Souverain des coupables; on ne peut les aller chercher dans fes terres, & recourir aux armes, que dans le cas d'un déni de juftice. Si l'on a lieu de craindre que les coupables n'échappent : fi, par exemple, des inconnus, d'un pays voifin, ont fait irruption fur nos terres, nous fommes en droit de les pourfuivre chez-eux, à main armée, jufques-à-ce qu'ils foient faifis; & leur Souverain ne pourra regarder notre action que comme une jufte & légitime défenfe, pourvû que nous ne commettions aucune hoftilité contre des innocens.

§. 44. Quand la Partie principale contractante a compris fes Alliés dans fon Traité, leur Caufe lui eft commune à cet égard, & ces Alliés doivent jouïr comme elle de toutes les Conditions effentielles à un Traité de paix, enforte que tout ce qui eft capable de rompre le Traité, étant commis contre elle-même, ne le rompt pas moins, s'il a pour objet les Alliés qu'elle a fait comprendre dans fon Traité. Si l'injure eft faite à un Allié nouveau, ou non-compris dans le Traité, elle peut bien fournir un nouveau fujet

de

de Guerre, mais elle ne donne pas atteinte au Traité de paix.

§. 45. La seconde manière de rompre un Traité de Paix est de faire quelque chose de contraire à ce que demande la nature particulière du Traité. Ainsi tout procédé contraire à l'Amitié, rompt un Traité de paix fait sous la condition expresse de vivre desormais en bons Amis. Favoriser les ennemis d'une Nation, traiter durement ses sujets, la gêner sans raison dans son Commerce; lui préférer, aussi sans raison, une autre Nation; lui refuser des sécours de vivres, qu'elle veut payer, & dont on a de reste; protéger ses sujets factieux, ou rebelles, leur donner retraite : Ce sont-là tout aurant de procédés évidemment contraires à l'Amitié. On peut, selon les circonstances, y joindre les suivans : Construire des Forteresses sur les frontières d'un Etat, lui témoigner de la défiance, faire des Levées de Troupes, sans vouloir lui en déclarer le sujet &c. Mais donner retraite aux Exilés, recevoir des sujets, qui veulent quitter leur Patrie sans prétendre lui nuire par leur départ, mais seulement pour le bien de leurs affaires particulières; accueillir charitablement des Emigrans, qui sortent de leur pays pour se procurer la Liberté de Conscience: Il n'y a rien dans tout cela qui soit incompatible avec la qualité d'Ami. Les Loix

par-

particulières de l'Amitié ne nous dispensent point, selon le caprice de nos Amis, des devoirs communs de l'humanité envers le reste des hommes.

§. 46. Enfin la Paix se rompt par la violation de quelqu'un des Articles exprès du Traité. Cette troisième manière de la rompre est la plus expresse, la moins susceptible d'évasions & de chicanes. Quiconque manque à ses engagemens annulle le Contrat, autant qu'en lui est; cela n'est pas douteux.

§. 47. Mais on demande, si la violation d'un seul Article du Traité peut en opérer la rupture entière ? Quelques-uns (*a*) distinguent ici entre les Articles qui sont liés ensemble, (*connexi*) & les Articles divers, (*diversi*) & prononcent, que si le Traité est violé dans les Articles *divers*, la Paix subsiste à l'égard des autres. Mais le sentiment de GROTIUS me paroît évidemment fondé sur la nature & l'esprit des Traités de Paix. Ce Grand-homme dit, que „tous les Articles „ d'un seul & même Traité sont renfermés l'un „ dans l'autre, en forme de Condition, comme „ si l'on avoit dit formellement : Je ferai telle „ ou telle chose. „ (*b*) Et il ajoûte avec raison, que „quand on veut empêcher que l'engagement „ ne

(*a*) *Vide* WOLF. *Jus Gentium* §§. 1022. 1023.
(b) Liv. III. Chap. XIX. §. XIV.

„ ne demeure par là sans effet, on ajoûte cette
„ Clauſe expreſſe, qu'encore qu'on vienne à
„ enfraindre quelqu'un des Articles du Traité,
„ les autres ne laiſſeront pas de ſubſiſter dans
„ toute leur force. „ On peut sans-doute convenir de cette manière: On peut encore convenir
que la violation d'un Article ne pourra opérer
que la nullité de ceux qui y répondent, & qui
en font comme l'équivalent. Mais ſi cette
Clauſe ne ſe trouve expreſſement dans le Traité
de paix, un ſeul Article violé donne atteinte au
Traité entier, comme on l'a prouvé ailleurs,
en parlant des Traités en général. *

§. 48. Il n'eſt pas moins inutile de vouloir
diſtinguer ici entre les Articles de grand : importance & ceux qui ſont de peu d'importance. A
rigueur de Droit, la violation du moindre Article diſpenſe la Partie léſée de l'obſervation des
autres; puiſque tous, comme nous venons de
le voir, ſont liés les uns aux autres, en forme
de Conditions. D'ailleurs, quelle ſource de
diſputes qu'une pareille diſtinction! Qui décidera
de l'importance de cet Article violé? Mais il eſt
très - vrai qu'il ne convient nullement aux devoirs
mutuels des Nations, à la charité, à l'amour de
la paix, qui doit les animer, de rompre toûjours
un Traité, pour le moindre ſujet de plainte.

§. 49.

* Voyez le D. de G. Liv. II. §. 202.

§. 49. Dans la vuë de prévenir un si fâcheux inconvénient, on convient sagement d'une peine, que devra subir l'infracteur de quelqu'un de ces Articles de moindre importance ; & alors, en satisfaisant à la peine, le Traité subsiste dans toute sa force. On peut de même attacher à la violation de chaque Article, une peine proportionnée à son importance. Nous avons traité cette matière en parlant de la Trève: * on peut recourrir à ce paragraphe.

§. 50. Les délais affectés sont équivalens à un refus exprès, & ils n'en diffèrent que par l'artifice, avec lequel celui qui en use voudroit couvrir sa mauvaise foi : Il joint la fraude à la perfidie, & viole réellement l'Article qu'il doit accomplir.

§. 51. Mais si l'empêchement est réel, il faut donner du tems ; car nul n'est tenu à l'impossible. Et par cette même raison, si quelque obstacle insurmontable rend l'exécution d'un Article non-seulement impraticable pour le présent, mais impossible à jamais ; celui qui s'y étoit engagé n'est point coupable, & l'autre Partie ne peut prendre occasion de son impuissance, pour rompre le Traité ; mais elle doit accepter un dédommagement, s'il y a lieu à dédommagement, & s'il est praticable. Toutefois, si la chose qui devoit se faire en vertu de l'Article en

que-

* V. ci-dessus Part. I. §. 243.

queſtion, eſt de telle nature, que le Traité pa-
roiſſe évidemment n'avoir été fait qu'en vuë de
cette même choſe, & non d'aucun équivalent;
l'impoſſibilité ſurvenuë annulle ſans-doute le
Traité. C'eſt ainſi qu'un Traité de Protection
devient nul, quand le Protecteur ſe trouve hors
d'état d'effectuer la Protection qu'il a promiſe,
quoiqu'il s'en trouve incapable ſans qu'il y ait
de ſa faute. De même, quelque choſe qu'un
Souverain ait pû promettre, à condition qu'on
lui procurera la reſtitution d'une Place importante; ſi on ne peut le faire rentrer en poſſeſſion
de cette Place, il eſt quitte de tout ce qu'il avoit
promis pour la ravoir. Telle eſt la règle inva-
riable du Droit. Mais le Droit rigoureux ne
doit pas toûjours être preſſé : La Paix eſt une
matière ſi favorable, les Nations ſont ſi étroite-
ment obligées à la cultiver, à la procurer, à la
rétablir, quand elle eſt troublée, que ſi de
pareils obſtacles ſe rencontrent dans l'exécution
d'un Traité de Paix, il faut ſe prêter de bonnefoi
à tous les expédiens raiſonnables, accepter des
équivalens, des dédommagemens, plûtôt que
de rompre une Paix déja arrêtée & de reprendre
les armes.

§. 52. On a recherché ailleurs, dans
un Chapitre exprès, * comment & en quelles
occaſions les actions des ſujets peuvent être im-
pu-

* V. le D. de G. Liv. II. Chap. VI.

putées au Souverain & à la Nation. C'est là-dessus qu'il faut se régler, pour voir comment les faits des Sujets peuvent rompre un Traité de Paix: Ils ne sçauroient produire cet effet, qu'autant qu'on peut les imputer au Souverain. Celui qui est lésé par les sujets d'autrui, s'en fait raison lui-même, quand il attrape les coupables dans ses terres, ou en lieu libre, en pleine mer, par exemple; ou s'il l'aime mieux, il demande justice à leur Souverain. Si les coupables sont des Sujets desobéissans, on ne peut rien demander à leur Souverain; mais quiconque vient à les saisir, même en lieu libre, en fait justice lui-même. C'est ainsi qu'on en use à l'égard des Pirates. Et pour éviter toute difficulté, on est convenu de traiter de même tous particuliers, qui commettent des actes d'hostilité, sans pouvoir montrer une Commission de leur Souverain.

§. 53. Les actions de nos Alliés peuvent encore moins nous être imputées, que celles de nos sujets. Les atteintes données au Traité de paix par des Alliés, même par ceux qui y ont été compris, ou qui y sont entrés comme Parties principales contractantes, ne peuvent donc en opérer la rupture que par rapport à eux-mêmes, & point du tout en ce qui touche leur Allié, qui, de son côté, observe religieusement ses engagemens. Le Traité subsiste pour lui dans toute sa force, pourvû qu'il n'entreprenne point

de

de soutenir la Cause de ces Alliés perfides. S'il leur donne un sécours, qu'il ne peut leur devoir en pareille occasion, il épouse leur querelle & prend part à leur manque de foi. Mais s'il est intéressé à prévenir leur ruine, il peut intervenir, & en les obligeant à toutes les réparations convenables, les garentir d'une oppression, dont il sentiroit le contre-coup. Leur défense devient même juste, contre un ennemi implacable, qui ne veut pas se contenter d'une juste satisfaction.

§. 54. Quand le Traité de paix est violé par l'un des Contractans, l'autre est le maître de déclarer le Traité rompu, ou de le laisser subsister. Car il ne peut être lié par un Contrat, qui contient des engagemens réciproques, envers celui qui ne respecte pas ce même Contrat. Mais s'il aime mieux ne pas rompre, le Traité demeure valide & obligatoire. Il seroit absurde que celui qui l'a violé, le prétendît annullé par sa propre infidélité : Moyen facile de se débarasser de ses engagemens, & qui réduiroit tous les Traités à de vaines formalités ! Si la Partie lésée veut laisser subsister le Traité, elle peut pardonner l'atteinte qui y a été donnée, ou exiger un dédommagement, une juste satisfaction, ou se libérer elle-même des engagemens qui répondent à l'Article violé, de ce qu'elle avoit promis en considération d'une chose, que l'on n'a point accomplie. Que si elle se détermine à demander un juste dédommagement, & que la Partie coupable le refuse, le Traité se rompt alors de nécessité, & le Contractant lésé à un très - juste sujet de reprendre les armes. C'est aussi ce qui arrive le plus souvent; car il ne se trouve guères que le coupable veuille reconnoître sa faute, en accordant une réparation.

✳✳✳✳✳✳✳✳✳✳✳✳✳✳✳✳✳✳✳✳✳

CHAPITRE V.

Du Droit d'Ambassade, ou du Droit d'envoyer & de recevoir des Ministres Publics.

§. 55.

IL est nécessaire que les Nations traitent & communiquent ensemble, pour le bien de leurs affaires, pour éviter de se nuire réciproquement, pour ajuster & terminer leurs différends. Et comme toutes sont dans l'obligation indispensable de se prêter & de concourrir à ce qui est du bien & du salut commun; de se ménager les moyens d'accommoder & de terminer leurs différends *; & que chacune a droit à tout ce qu'exige sa conservation **,

à

---

* V. le D. d. G. Liv. II. §§. 323. & suiv.
* Voyez le D. d. G. L. I. §. 18.

à tout ce qui peut contribuer à sa perfection, sans faire tort aux autres, de même qu'aux moyens nécessaires pour remplir ses devoirs : Il résulte de tout cela, que chaque Nation réunit en elle le droit de traiter & de communiquer avec les autres, & l'obligation réciproque de se prêter à cette communication, autant que l'état de ses affaires peut le lui permettre.

§. 56. Mais les Nations, ou États souverains, ne traitent point ensemble immédiatement; & leurs Conducteurs, ou les Souverains, ne peuvent guères s'aboucher eux‑mêmes, pour traiter ensemble de leurs affaires. Souvent ces entrevûës seroient impraticables : Et sans compter les longueurs, les embarras, la dépense, & tant d'autres inconvéniens ; rarement, suivant la remarque de PHILIPPES DE COMMINES, pourroit‑on s'en promettre un bon effet. Il ne reste donc aux Nations & aux Souverains, que de communiquer & traiter ensemble, par l'entremise de Procureurs, ou Mandataires, de Délégués, chargés de leurs Ordres & munis de leurs Pouvoirs; c'est‑à‑dire, de *Ministres Publics.* Ce terme, dans sa plus grande généralité, désigne toute personne chargée des Affaires Publiques; on l'entend plus particulièrement de celle qui en est chargée auprès d'une Puissance étrangère.

X 2

On

On connoît aujourd'hui divers Ordres de Miniſtres Publics, & nous en parlerons ci-après. Mais quelque différence que l'uſage ait introduite entre-eux, le Caractère eſſentiel leur eſt commun à tous; c'eſt celui de *Miniſtre*, & en quelque façon, de *Répréſentant* d'une Puiſſance Étrangère, de perſonne chargée de ſes Affaires & de ſes Ordres; & cette qualité nous ſuffit ici.

§. 57. Tout Etat ſouverain eſt donc en droit d'envoyer & de recevoir des Miniſtres Publics. Car ils ſont les inſtruments néceſſaires des Affaires que les Souverains ont entre-eux, & de la Correſpondance, qu'ils ſont en droit d'entretenir. On peut voir dans le prémier Chapitre du Droit des Gens, quels ſont les Souverains & les Etats indépendans, qui figurent enſemble, dans la grande Société des Nations. Ce ſont-là les Puiſſances, qui ont le Droit de l'Ambaſſade.

§. 58. Une Alliance inégale, ni même un Traité de Protection, n'étant pas incompatible avec la Souveraineté *; ces ſortes de Traités ne dépouillent point par eux-mêmes un Etat, du droit d'envoyer & de recevoir des Miniſtres Publics. Si l'Allié inégal, ou le Protégé n'a pas renoncé expreſſément au droit d'entretenir des rélations & de traiter avec d'autres Puiſſances, il conſerve néceſſairement celui de leur envoyer des Miniſtres & d'en recevoir de leur part. Il
en

* V. le D. d. G. Liv. I. §§. 5. & 6.

en faut dire autant des Vaſſaux & des Tributai-
res, qui ne ſont point ſujets (*a*).

§. 59. Bien plus; ce droit peut ſe trouver
même chez des Princes, ou des Communautés,
qui ne ſont pas ſouverains.   Car les Droits,
dont l'aſſemblage conſtituë la pleine Souveraineté, ne ſont pas indiviſibles; & ſi, par la Con-
ſtitution de l'Etat, par la Conceſſion du Souverain, ou par les réſerves, que les ſujets ont
faites avec lui, un Prince, ou une Commu-
nauté ſe trouve en poſſeſſion de quelqu'un de
ces Droits, qui appartiènnent ordinairement au
Souverain ſeul; il peut l'exercer, & le faire valoir, dans tous ſes effets & dans toutes ſes con-
ſéquences naturelles ou néceſſaires, à moins
qu'elles n'aient été formellement exceptées.
Quoique les Princes & Etats de l'Empire relèvent de l'Empereur & de l'Empire, ils ſont Souverains à bien des égards: Et puiſque les Con-
ſtitutions de l'Empire leur aſſurent le droit de
traiter avec les Puiſſances Etrangères & de contracter avec elles dés Alliances; ils ont inconteſtablement celui d'envoyer & de recevoir des
Miniſtres Publics.   Les Empereurs le leur ont
quelquefois conteſté, quand ils ſe ſont vûs en
état de porter fort haut leurs prétentions, ou du
moins ils ont voulu en ſoumettre l'exercice à
leur Autorité ſuprême; prétendant que leur

X 3

per-

(*a*) Voyez le D. d. G. Liv. I. §§. 7. & 8.

permiffion devoit y intervenir. Mais depuis la Paix de *Weftphalie*, & par le moyen des Capitulations Impériales, les Princes & Etats d'Allemagne ont fçû fe maintenir dans la poffeffion de ce Droit ; & ils s'en font affuré tant d'autres, que l'Empire eft confidéré aujourd'hui comme une République de Souverains.

§. 60. Il eft même des Villes fujettes, & qui fe reconnoiffent pour telles, qui ont droit de recevoir les Miniftres des Puiffances Etrangères, & de leur envoyer des Députés ; puifqu'elles ont droit de traiter avec elles : C'eft de là que dépend toute la queftion ; car celui qui a droit à la fin, a droit aux moyens. Il feroit abfurde de reconnoître le droit de négocier & de traiter, & d'en contefter les moyens néceffaires. Les Villes de Suiffe, telles que Neufchatel & Bienne, qui jouiffent du *Droit de Bannière*, ont par-là le droit de traiter avec les Puiffances Etrangères, quoique ces Villes foient fous la Domination d'un Prince. Car le Droit de *Bannière*, ou des Armes, comprend celui d'accorder des fécours de Troupes (*a*), pourvû que ce ne foit pas contre le fervice du Prince. Si ces Villes peuvent accorder des Troupes, elles peuvent écouter la demande que leur en fait une Puiffance Etrangère, & traiter des Conditions.

(*a*) Voyez l'Hiftoire de la Confédération Helvétique, par M. DE WATTEVILLE.

tions. Elles peuvent donc encore lui députer quelqu'un dans cette vuë, ou recevoir ses Ministres. Et comme elles ont en même-tems l'exercice de la Police, elles sont en état de faire respecter les Ministres Etrangers, qui viennent auprès d'elles. Un ancien & constant usage confirme ce que nous disons des Droits de ces Villes-là. Quelque éminens & extraordinaires que soient de pareils Droits, on ne les trouvera pas étranges, si l'on considère que ces mêmes Villes possédoient déja de grands Priviléges, dans le tems que leurs Princes relevoient eux-mêmes des Empereurs, ou d'autres Seigneurs, Vassaux immédiats de l'Empire. Lorsqu'il sécouérent le joug & se mirent dans une parfaite indépendance, les Villes considérables de leur Territoire firent leurs Conditions; & loin d'empirer leur état, il étoit bien naturel qu'elles profitassent des conjonctures, pour le rendre plus libre encore & plus heureux. Les Souverains ne pourroient aujoud'hui reclamer contre des Conditions, auxquelles ces Villes ont bien voulu suivre leur fortune & les reconnoître pour leurs seuls Supérieurs.

§. 61. Les Vicerois & les Gouverneurs en chef d'une Souveraineté, ou d'une Province éloignée, ont souvent le droit d'envoyer & de recevoir des Ministres Publics, agissant en cela au nom & par l'Autorité du Souverain qu'ils ré-

X 4

pré-

préfentent, & dont ils exercent les Droits. Cela dépend entièrement de la volonté du Maître qui les établit. Les Vicerois de Naples, les Gouverneurs de Milan, les Gouverneurs généraux des Pays-bas pour l'Efpagne étoient revêtus de ce pouvoir.

§. 62. Le Droit d'Ambaffade, ainfi que tous les autres Droits de la Souveraineté, réfide originairement dans la Nation, comme dans fon fujet principal & primitif. Dans l'Interrègne, l'exercice de ce Droit retombe à la Nation, ou il eft dévolu à ceux, à qui les Loix ont commis la Régence de l'Etat. Ils peuvent envoyer des Miniftres, tout comme le Souverain avoit accoutûmé de faire ; & ces Miniftres ont les mêmes droits, qu'avoient ceux du Souverain. Quand le Trône eft vaquant, la République de Pologne envoie des Ambaffadeurs, & elle ne souffriroit pas qu'ils fuffent moins confidérés, que ne le font ceux qui s'envoient quand elle a un Roi. CROMWEL fçut maintenir les Ambaffadeurs d'Angleterre dans la même confidération, où ils étoient, fous l'Autorité des Rois.

§. 63. Tels étant les droits des Nations, le Souverain qui entreprend d'empêcher qu'un autre ne puiffe envoyer & recevoir des Miniftres Publics, lui fait injure, & bleffe le Droit des Gens. C'eft attaquer une Nation dans un de
ses

ſes Droits les plus précieux, & lui diſputer ce que la Nature elle-même donne à toute Société indépendante; c'eſt rompre les liens qui uniſſent les Peuples, & les offenſer tous.

§. 64. Mais cela ne doit s'entendre que d'un tems de Paix: La Guerre donne lieu à d'autres droits.   Elle permet d'ôter à l'Ennemi toutes ſes reſſources, d'empêcher qu'il ne puiſſe envoyer ſes Miniſtres, pour ſolliciter des ſécours. Il eſt même des occaſions, où l'on peut refuſer le paſſage aux Miniſtres des Nations neutres, qui voudroient aller chez l'Ennemi.   On n'eſt point obligé de ſouffrir qu'ils lui portent peut-être des avis ſalutaires, qu'ils aillent concerter avec lui les moyens de l'aſſiſter &c.   Cela ne ſouffre nul doute, par exemple, dans le cas d'une Ville aſſiégée.   Aucun droit ne peut autoriſer le Miniſtre d'une Puiſſance neutre, ni qui que ce ſoit, à y entrer malgré l'Aſſiégeant. Mais pour ne point offenſer les Souverains, il faut leur donner de bonnes raiſons du refus que l'on fait de laiſſer paſſer leurs Miniſtres; & ils doivent s'en contenter, s'ils prétendent demeurer neutres.   On refuſe même quelquefois le paſſage à des Miniſtres ſuſpects, dans des tems ſoupçonneux & critiques, quoiqu'il n'y ait point de Guerre ouverte.   Mais la démarche eſt délicate; & ſi on ne la juſtifie par des raiſons tout-

àà-fait satisfaisantes, elle produit une aigreur, qui dégénère aisément en rupture.

§. 65. Puisque les Nations sont obligées de communiquer ensemble, d'écouter les propositions & les demandes qui leur sont faites, de maintenir un moyen libre & sûr de s'entendre & de se concilier dans leurs différends; un Souverain ne peut, sans des raisons très-particulières, refuser d'admettre & d'entendre le Ministre d'une Puissance Amie, ou avec laquelle il est en paix. Mais s'il a des raisons de ne point le recevoir dans l'intérieur du pays, il peut lui marquer un lieu sur la frontière, où il enverra, pour entendre ses propositions; & le Ministre étranger doit s'y arrêter: Il suffit qu'on l'entende; c'est tout ce qu'il peut prétendre.

§. 66. L'obligation ne va point jusqu'à souffrir en tout tems des Ministres perpétuels, qui veulent résider auprès du Souverain, bien qu'ils n'aient rien à négocier. Il est naturel, à la vérité, & très-conforme aux sentimens que se doivent mutuellement les Nations, de recevoir avec amitié ces Ministres résidens, lorsqu'on n'a rien à craindre de leur séjour. Mais si quelque raison solide s'y oppose, le bien de l'Etat prévaut sans difficulté; & le Souverain étranger ne peut s'offenser, si l'on prie son Ministre de

se

se retirer, quand il a terminé les affaires qui l'avoient amené, ou lorsqu'il n'en a aucune à traiter. La Coûtume d'entretenir par-tout des Ministres continuellement résidens est aujourd'hui si bien établie, qu'il faut alléguer de très-bonnes raisons, pour refuser de s'y prêter, sans offenser personne. Ces raisons peuvent être fournies pas des conjonctures particulières : mais il y en a aussi d'ordinaires, qui subsistent toûjours, & qui se rapportent à la Constitution du Gouvernement, à l'état d'une Nation. Les Républiques en auroient souvent de très-bonnes, de cette dernière espèce, pour se dispenser de souffrir continuellement chez elles des Ministres étrangers, qui corrompent les Citoyens, qui les attachent à leurs Maîtres, au grand préjudice de la République, qui y forment & y fomentent des partis &c. Et quand ils ne feroient que répandre chez une Nation, anciennement simple, frugale & vertueuse, le goût du Luxe, la soif de l'or, les mœurs des Cours ; en voilà de reste, pour autoriser un Magistrat sage & prévoyant à les congédier. La Nation Polonoise ne souffre pas volontiers les Ministres Résidens ; & leurs pratiques auprès des Membres qui composent la Diette, n'ont fourni que trop de raisons de les en éloigner. L'an 1666. un Nonce se plaignit

en

en pleine Diette de ce que l'Ambassadeur de France prolongeoit sans nécessité son séjour en Pologne, & dit qu'il falloit le regarder comme un Espion. D'autres, en 1668. firent instance à ce qu'on réglât par une Loi, le tems du séjour, que les Ambassadeurs pourroient faire dans le Royaume (*a*).

§. 67. Plus la Guerre est un fléau terrible, & plus les Nations sont obligées de se réserver des moyens pour y mettre fin. Il est donc nécessaire qu'elles puissent s'envoyer des Ministres, au milieu même des hostilités, pour faire quelques ouvertures de paix, ou quelques propositions tendantes à adoucir la fureur des armes. Il est vrai que le Ministre d'un Ennemi ne peut venir sans permission ; aussi fait-on demander pour lui un Passeport, ou Saufconduit, soit par un Ami commun, soit par un de ces Messagers, privilégiés par les Loix de la Guerre, & dont nous parlerons plus bas ; je veux dire par un Trompette, ou un Tambour. Il est vrai encore que l'on peut refuser le Saufconduit, & ne point admettre le Ministre, si on en a des raisons particulières & solides. Mais cette liberté, fondée sur le soin que cha-

(*a*) WICQUEFORT de l'Ambassadeur, **Liv. I.** Sect. I. à la fin.

chaque Nation doit à sa propre sûreté,
n'empêche point que l'on ne puisse poser
comme une Maxime générale; qu'on ne
doit pas refuser d'admettre & d'entendre le
Ministre d'un Ennemi. C'est-à-dire, que
la Guerre seule, & par elle-même, n'est
pas une raison suffisante, pour refuser d'entendre toute proposition venant d'un Ennemi : Il faut que l'on y soit autorisé par
quelque raison particulière & bien fondée.
Telle seroit, par exemple, une crainte raisonnable & justifiée par la conduite même
d'un Ennemi artificieux, qu'il ne pense à
envoyer ses Ministres, à faire des propositions, que dans la vuë de desunir des Alliés, de les endormir par des apparences de
paix, de les surprendre.

§. 68. Avant que de finir ce Chapitre,
nous devons examiner une Question célé-
bre & souvent agitée : On demande, si
les Nations étrangères peuvent recevoir les
Ambassadeurs & autres Ministres d'un Usurpateur, & lui envoyer les leurs? Les Puissances étrangères suivent ici la Possession, si
lé bien de leurs affaires les y convie.   Il
n'y a point de règle plus sûre, plus conforme au Droit des Gens & à l'indépendance

ce des Nations.   Puisque les Etrangers ne font pas en droit de se mêler des Affaires domestiques d'un Peuple ; ils ne font pas obligés d'examiner & d'approfondir sa conduite , dans ces memes Affaires , pour en peser la justice , ou l'injustice ; ils peuvent, s'ils le jugent à propos , supposer que le Droit est joint à la Possession.   Lorsqu'une Nation a chassé son Souverain , les Puissances qui ne veulent pas se déclarer contre elle & s'attirer ses armes , ou son inimitié , la considèrent desormais comme un Etat libre & souverain , sans prendre sur elles de juger , si c'est avec justice qu'elle s'est soustraite à l'empire du Prince qui la gouvernoit.   Le Cardinal MAZARIN fit recevoir LOCCARD , envoyé par CROMWEL , comme Ambassadeur de la République d'Angleterre , & ne voulut voir ni le Roi CHARLES II. ni ses Ministres.   Si la Nation , après avoir chassé son Prince , se soumet à un autre , ou si elle change l'ordre de la succession , & reconnoît un Souverain , au préjudice de l'Héritier naturel & désigné ; les Puissances étrangères sont encore fondées à tenir pour légitime ce qui s'est fait ; ce n'est pas leur querelle , ni leur

affai-

affaire. Au commencement du siècle dernier, Charles Duc de Sudermanie s'é-
tant fait couronner Roi de Suéde, au préjudice de Sigismond Roi de Pologne son
Neveu, il fut bientôt reconnu par la plûpart des Souverains. Villeroy Ministre
de Henri IV. Roi de France, disoit nettement au Président Jeannin, dans une
Dépêche du 8. d'Avril 1608. *Toutes ces
raisons & considérations n'empêcheront point le
Roi de traiter avec Charles, s'il y trouve
son intérêt & celui de son Royaume.* Ce
discours étoit sensé. Le Roi de France
n'étoit ni le Juge, ni le Tuteur de la Nation Suédoise, pour refuser, contre le
bien de son Royaume, de reconnoître le
Roi qu'elle s'étoit choisi, sous prétexte qu'un
Compétiteur traitoit Charles d'Usurpateur. Fût ce-même avec raison; les E-
trangers ne sont pas appellés à en juger.

Lors donc que des Puissances étrangères
ont admis les Ministres d'un Usurpateur,
& lui ont envoyé les leurs; le Prince légitime, venant à remonter sur le Trône,
ne peut se plaindre de ces démarches,
comme d'une injure, ni ne faire un juste
sujet de Guerre, pourvû que ces Puissances

ces ne foient pas allées plus avant, & n'aient point donné de fécours contre lui. Mais reconnoître le Prince détrôné, ou fon Héritier, après qu'on a folemnellement reconnu celui qui l'a remplacé, c'eft faire injure à ce dernier, & fe déclarer ennemi de la Nation qui l'a choifi. Le Roi GUILLAUME III. & la Nation Angloife firent d'une pareille démarche, hazardée en faveur du fils de JACQUES II., l'un des principaux fujets de la Guerre, que l'Angleterre déclara bientôt après à la France. Tous les ménagemens, toutes les Proteftations de LOUIS XIV. n'empêchérent pas que la reconnoiffance du Prince STUART, en qualité de Roi d'Angleterre, d'Ecoffe & d'Irlande, fous le nom de JACQUES III. ne fût regardé en Angleterre, comme une injure, faite au Roi & à la Nation.

DE LA
GUERRE,
ET DE LA
PAIX.

SECONDE PARTIE.
CHAPITRE VI.

Des divers ordres de Ministres Publics, du Caractère représentatif, & des honneurs qui sont dûs aux Ministres.

§. 69.

ANCIENNEMENT on ne connoissoit guères qu'un seul ordre de Ministres Publics, en Latin *Legati*; mot que l'on traduit en François par celui d'Ambassadeurs. Mais depuis que l'on fut devenu plus fastueux, & en même-tems plus difficile sur le Cérémonial; & sur-tout depuis que l'on se fut avisé d'étendre la représentation du Ministre jusqu'à la Dignité de son Maître; on imagina, pour éviter les difficultés, l'embarras & la dépense, d'employer en certaines occasions, des Commissionaires moins relevés ; (LOUIS XI. Roi de France est peut-être celui qui en a donné l'exemple): Et en établissant ainsi divers ordres de Ministres, on attacha plus ou moins de dignité à leur Caractère, & on exigea pour eux des honneurs proportionés.

§. 70. Tout Ministre réprésente en quelque façon son Maître, comme tout Procureur, ou Mandataire, réprésente son Constituant. Mais cette réprésentation est rélative aux Affaires; le Ministre réprésente le sujet dans lequel résident les Droits, qu'il doit manier, conserver & faire valoir ; les Droits dont il doit traiter, en tenant la place du Maître. Dans la généralité, & pour l'essentiel des Affaires, en admettant cette réprésentation, on fait abstraction de la Dignité du Constituant. Les Souverains ont voulu ensuite se faire réprésenter, non-seulement dans leurs Droits & pour leurs Affaires, mais encore dans leur Dignité, leur Grandeur & leur prééminence; & sans-doute que ces occasions d'éclat, ces Cérémonies, pour lesquelles on envoie des Ambassadeurs, les Mariages, par exemple, ont donné naissance à cet usage. Mais un si haut dégré de dignité dans le Ministre, est fort incommode dans les Affaires; & il en naît souvent, outre l'embarras, des difficultés & des contestations. De-là sont nés les divers ordres de Ministres Publics, les différens dégrés de réprésentation. L'usage a établi

trois

trois dégrés principaux. Ce qu'on appelle le *Caractère réprésentatif* par excellence, est la faculté qu'a le Ministre de réprésenter son Maître, quant à sa Personne même & à sa Dignité.

§. 71. Le Caractère réprésentatif, ainsi dit par excellence, ou en opposition avec les autres sortes de Réprésentations, constituë le Ministre du prémier ordre, l'*Ambassadeur:* Il le tire du pair d'avec tous les autres Ministres, qui ne sont pas revêtus du même Caractère, & ne permet point à ceux - ci d'entrer en concurrence avec l'Ambassadeur. Il y a aujourd'hui des *Ambassadeurs Ordinaires* & des *Ambassadeurs Extraordinaires.* Mais ce n'est qu'une distinction accidentelle & rélative au sujet de leur mission. Cependant on met presque par - tout quelque différence, dans le traitement que l'on fait à ces divers Ambassadeurs. Cela est purement d'usage.

§. 72. Les *Envoyés* ne sont point revêtus du Caractère réprésentatif proprement dit, ou au prémier dégré. Ce sont des Ministres du second ordre, que leur Maître a voulu décorer d'un dégré de dignité & de considération, lequel, sans faire comparaison avec le Caractère d'Ambassadeur, le suit immédiatement, & ne cède à aucun autre. Il y a aussi des Envoyés *Ordinaires* & *Extraordinaires;* & il paroît que l'intention des Princes est de rendre ceux - ci plus considérables: C'est encore affaire d'usage.

§. 73. Le terme de *Résident* ne se rapportoit autrefois qu'à la continuité du séjour d'un Ministre;

ftre; & l'on voit dans l'Hiftoire, des Ambaſſadeurs Ordinaires déſignés par le titre ſeul de
Réſidens.   Mais depuis que l'uſage des différens
ordres de Miniſtres s'eſt généralement établi, le
nom de *Réſident* eſt demeuré à des Miniſtres
d'un troiſième ordre, au Caractère desquels on
attache, par un uſage généralement reçû, un
moindre dégré de Conſidération.   Le Réſident
ne répréſente pas la Perſonne du Prince dans ſa
Dignité, mais ſeulement dans ſes Affaires. Au
fonds, ſa Répréſentation eſt de la même nature
que celle de l'Envoyé: C'eſt pourquoi on le dit
ſouvent Miniſtre du ſecond ordre, comme l'Envoyé; ne diſtinguant ainſi que deux ordres de
Miniſtres Publics, les Ambaſſadeurs, qui ont
le Caractère répréſentatif par excellence, &
tous les Miniſtres qui ne ſont pas revêtus de ce
Caractère éminent.   C'eſt la diſtinction la plus
néceſſaire, & la ſeule eſſentielle.

§. 74. Enfin, un uſage encore plus moderne
a établi une nouvelle eſpèce de Miniſtres Publics, qui n'ont aucune détermination particulière de Caractère.   On les appelle ſimplement
Miniſtres, pour marquer qu'ils ſont revêtus de la
qualité générale de Mandataires d'un Souverain,
ſans aucune attribution particulière de rang &
de Caractère.   C'eſt encore le Cérémonial poin-
tilleux, qui a donné lieu à cette nouveauté.
L'uſage avoit établi des traitemens particuliers
pour l'Ambaſſadeur, pour l'Envoyé & pour
le Réſident: Il naiſſoit ſouvent des difficultés

à ce

à ce sujet, & sur - tout pour le rang, entre les
Ministres des différens Princes. Pour éviter
tout embarras, en certaines occasions, où on
auroit lieu de le craindre, on s'est avisé d'envoyer des Ministres, sans leur donner aucun de
ces trois Caractères connus. Dès - lors, ils ne
sont assujettis à aucun Cérémonial règlé, & ils
n'ont à prétendre aucun traitement particulier.
Le *Ministre* réprésente son Maître, d'une manière vague & indéterminée, qui ne peut aller
jusqu'au prémier dégré; & par conséquent, il
cède sans difficulté à l'Ambassadeur. Il doit
jouir en général de la considération que mérite
une personne de confiance, à qui un Souverain
commet le soin de ses Affaires, & il a tous les
droits essentiels au Caractère de Ministre Public.
Cette qualité indéterminée est telle, que le Souverain peut la donner à tel de ses Serviteurs,
qu'il ne voudroit pas revêtir du Caractère d'Ambassadeur; & que, d'un autre côté, elle peut
être acceptée par un homme de Condition, qui
ne voudroit pas se contenter de l'état de Résident & du traitement destiné aujourd'hui à cet
état. Il y a aussi des *Ministres Plénipotentiaires*,
beaucoup plus distingués que les simples *Ministres*. Ils n'ont point non plus aucune attribution particulière de rang & de Caractère:
Mais l'usage paroît desormais de les placer immédiatement après l'Ambassadeur, ou avec l'Envoyé Extraordinaire.

§. 75. On a parlé des *Consuls*, en trai-

tant

tant du Commerce (Dr. d. G. Liv. II. §. 34.) Autrefois les *Agents* étoient une espèce de Ministres Publics : Mais aujourd'hui, que les Titres sont multipliés & prodigués, celui-ci est donné à de simples Commissionaires des Princes, pour leurs Affaires particulières. Souvent même ce sont des sujets du pays où ils résident. Ils ne sont pas Ministres Publics, ni par conséquent sous la protection du Droit des Gens. Mais on leur doit une protection plus particulière qu'à d'autres Etrangers, ou Citoyens, & quelques égards, en considération du Prince qu'ils servent. Si ce Prince envoie un *Agent*, avec des Lettres de Créance, & pour Affaires Publiques ; l'Agent est dès - lors Ministre Public ; le Titre n'y fait rien. Il faut en dire autant des Députés, Commissaires, & autres, chargés d'Affaires Publiques.

§. 76. Entre les divers Caractères établis par l'usage, le Souverain peut choisir celui dont il veut revêtir son Ministre ; & il déclare le Caractère du Ministre dans les *Lettres de Créance*, qu'il lui remet, pour le Souverain à qui il l'envoie. Les *Lettres de Créance* sont l'Instrument, qui autorise & constitue le Ministre dans son Caractère, auprès du Prince, à qui elles sont adressées. Si ce Prince reçoit le Ministre, il ne peut le recevoir que dans la qualité, que lui donnent ses Lettres de Créance. Elles sont comme sa Procuration générale, son *Mandement ouvert* (*mandatum manifestum*).

§. 77.

§. 77. Les *Instructions* données au Miniſtre contiennent le *Mandement secret* du Maître, les ordres, auxquels le Miniſtre aura ſoin de ſe conformer, & qui limitent ſes Pouvoirs. On pourroit appliquer ici toutes les règles du Droit Naturel ſur la matière de la Procuration, ou du Mandement, tant ouvert que ſecret. Mais outre que cela regarde plus particulièrement la matière des Traités; nous pouvons d'autant mieux nous diſpenſer de ces détails, dans cet Ouvrage, que par un uſage ſagement établi, les engagemens dans lesquels un Miniſtre peut entrer, n'ont ajourd'hui aucune force entre les Souverains, s'ils ne ſont ratifiés par ſon Principal.

§. 78. Nous avons vû ci-deſſus, que tout Souverain, & même tout Corps, ou toute perſonne qui a le droit de traiter d'Affaires Publiques avec des Puiſſances Etrangères, a auſſi celui d'envoyer des Miniſtres Publics (voyez le Chap. précédent). Il n'y a pas de difficulté pour ce qui eſt des ſimples Miniſtres, ou des Mandataires, conſidérés en général comme chargés des Affaires & munis des Pouvoirs de ceux qui ont droit de traiter. On accorde encore ſans difficulté aux Miniſtres de tous les Souverains, les Droits & les Prérogatives des Miniſtres du ſecond ordre. Mais les grands Monarques refuſent à quelques petits Etats le droit d'envoyer des Ambaſſadeurs. Voyons ſi c'eſt avec raiſon. Suivant l'uſage généralement reçu, l'Ambaſſa-

deur

deur est un Ministre Public, qui réprésente la Personne & la Dignité d'un Souverain : Et comme ce Caractère réprésentatif lui attire des honneurs particuliers, c'est la raison pourquoi les grands Princes ont peine à admettre l'Ambassadeur d'un petit Etat, se sentant de la répugnance à lui accorder des honneurs si distingués. Mais il est manifeste que tout Souverain a un droit égal de se faire réprésenter, aussi bien au prémier dégré, qu'au second & au troisième : Et la Dignité souveraine mérite, dans la Société des Nations, une considération distinguée. On a demontré (Dr. d. G. Liv. II. Chap. III.) que la Dignité des Nations indépendantes est essentiellement la même ; qu'un Prince foible, mais souverain, est aussi bien souverain & indépendant que le plus grand Monarque, comme un Nain n'est pas moins un homme, qu'un Géant ; quoiqu'à la vérité, le Géant Politique fasse une plus grande figure que le Nain, dans la Société générale, & s'attire par - là plus de respect & des honneurs plus recherchés. Il est donc évident que tout Prince, tout Etat véritablement souverain a le droit d'envoyer des Ambassadeurs, & que lui contester ce droit, c'est lui faire une très - grande injure ; c'est lui contester sa Dignité souveraine. Et s'il a ce droit, on ne peut refuser à ses Ambassadeurs les égards & les honneurs, que l'usage attribuë particulièrement au Caractère qui porte la Réprésentation d'un Souverain. Le Roi de France n'admet point d'Ambaffadeurs baſſadeurs de la part des Princes d'Allemagne, refuſant à leurs Miniſtres les honneurs affectés au prémier dégré de la Répréſentation ; & cependant il reçoit les Ambaſſadeurs des Princes d'Italie. C'eſt qu'il prétend que ces derniers ſont plus parfaitement Souverains que les autres, ne relevant pas de même de l'Autorité de l'Empereur & de l'Empire, bien qu'ils en ſoient Feudataires. Les Empereurs cependant affectent ſur les Princes d'Italie les mêmes Droits, qu'ils peuvent avoir ſur ceux d'Allemagne. Mais la France voyant que ceux-là ne font pas Corps avec l'Allemagne, & n'aſſiſtent point aux Dietes, les ſépare de l'Empire, autant qu'elle peut, en favoriſant leur indépendance abſoluë.

§. 79. Je n'entrerai point ici dans le détail des honneurs, qui ſont dûs, & qui ſe rendent en effet aux Ambaſſadeurs : Ce ſont choſes de pure inſtitution & de Coûtume. Je dirai ſeulement en général, qu'on leur doit les civilités & les diſtinctions, que l'uſage & les mœurs deſtinent à marquer la conſidération convenable au Répréſentant d'un Souverain. Et il faut obſerver ici, au ſujet des choſes d'inſtitution & d'uſage, que quand une Coûtume eſt tellement établie qu'elle donne une valeur réelle à des choſes indifférentes de leur nature, & une ſignification conſtante, ſuivant les mœurs & les uſages ; le Droit des Gens Naturel & Néceſſaire oblige d'avoir égard à cette inſtitution, & de ſe conduire, par rapport à ces choſes-là, com-

Y 5

me

me fi elles avoient d'elles-mêmes la valeur, que les hommes y ont attachée. C'eft, par exemple, dans les mœurs de toute l'Europe, une Prérogative propre à l'Ambaffadeur, que le droit de fe couvrir devant le Prince, à qui il eft envoyé. Ce droit marque qu'on le reconnoît pour le Répréfentant d'un Souverain. Le refufer à l'Ambaffadeur d'un Etat véritablement indépendant, c'eft donc faire injure à cet Etat & le dégrader en quelque forte. Les Suiffes, autrefois plus inftruits dans la Guerre que dans les manières des Cours, & peu jaloux de ce qui n'eft que Cérémonie, fe font laiffés traiter en quelques occafions, fur un pied peu convenable à la Dignité de la Nation. Leurs Ambaffadeurs, en 1663. fouffrirent que le Roi de France & les Seigneurs de fa Cour leur refufaffent des honneurs, que l'ufage a rendus effentiels aux Ambaffadeurs des Souverains, & particulièrement celui de fe couvrir à l'Audience du Roi (a). Quelques-uns, mieux inftruits de ce qu'ils devoient à la gloire de leur République, infiftèrent fortement fur cet honneur effentiel & diftinctif:

(a) On peut voir dans WICQUEFORT, le détail de ce qui fe paffa en cette occafion. Cet Auteur a raifon de témoigner une forte d'indignation contre les Ambaffadeurs Suiffes. Mais il ne devoit pas infulter la Nation entière, en difant brutalement, qu'elle *préfère l'argent à l'honneur*. *Ambaffed.* Liv. I. Sect. XIX. Voyez auffi la Sect. XVIII.

diftinctif : Mais la pluralité l'emporta, & tous cédèrent enfin, fur ce qu'on les affûra, que les Ambaffadeurs de la Nation ne s'étoient point couverts devant HENRI IV. Suppofé que le fait fût vrai, la raifon n'étoit point fans replique. Les Suiffes pouvoient répondre, que du tems de Henri, leur Nation n'avoit pas été folemnellement reconnuë pour libre & indépendante de l'Empire, comme elle venoit de l'être, en 1648. dans le Traité de *Weftphalie*. Ils pouvoient dire, que fi leurs dévanciers avoient failli, & mal foutenu la Dignité de leurs Souverains, cette faute groffière ne pouvoit impofer à des Succeffeurs l'obligation d'en commettre une pareille. Aujourd'hui la Nation, plus éclairée & plus attentive à ces fortes de chofes, fçaura mieux maintenir fa Dignité : Tous les honneurs extraordinaires, que l'on rend d'ailleurs à fes Ambaffadeurs, ne pourront l'aveugler deformais jufqu'à lui faire négliger celui que l'ufage a rendu effentiel. Lorfque LOUIS XV. vint en Alface, en 1744. elle ne voulut point lui envoyer des Ambaffadeurs, pour le compliment, fuivant la coûtume, fans fçavoir fi on leur permettroit de fe couvrir. Et une fi jufte demande ayant été refufée, le Corps Helvétique n'en envoya perfonne. On doit efpérer en Suiffe que le Roi Très-Chrétien n'infiftera pas davantage fur une prétention, très-inutile à l'éclat de fa Couronne, & qui ne pourroit fervir qu'à degrader d'anciens & fidèles Alliés.

CHA.

CHAPITRE VII.

Des Droits, Privilèges & Immunités des Ambassadeurs & autres Ministres Publics.

§. 80.

LE respect qui est dû aux Souverains doit réjaillir sur leurs Réprésentans, & principalement sur l'Ambassadeur, qui réprésente la personne de son Maître au prémier dégré. Celui qui offense & insulte un Ministre Public, commet un crime d'autant plus digne d'une peine sévère, qu'il pourroit attirer par là de facheuses affaires à son Souverain & à sa Patrie. Il est juste qu'il porte la peine de sa faute, & que l'Etat donne, aux dépens du coupable, une pleine satisfaction au Souverain offensé dans la personne de son Ministre. Si le Ministre Etranger offense lui-même un Citoyen; celui-ci peut le réprimer, sans sortir du respect qui est dû au Caractère, & lui donner une leçon, également propre à lever l'offense & à en faire rougir l'auteur. L'offensé peut encore porter sa plainte à son Souverain, qui demandera pour lui une juste satisfaction au Maître du Ministre. Les grands intérêts de l'Etat ne permettent point au Citoyen d'écouter, en pareille rencontre, les idées de vengeance, que pourroit lui donner le point d'honneur, quand on les jugeroit permises d'ailleurs.

deurs. Un Gentilhomme, même suivant les maximes du Siècle, n'est point flétri par une offense, dont il n'est pas en son pouvoir de tirer satisfaction par lui-même.

§. 81. La nécessité & le droit des Ambassades une fois établis (voyez ci-dessus Chapitre V.); la sûreté parfaite, l'inviolabilité des Ambassadeurs & autres Ministres en est une conséquence certaine. Car si leur personne n'est pas à couvert de toute violence, le Droit des Ambassades devient précaire, & leur succès très-incertain. Le droit à la fin, est inséparable du droit aux moyens nécessaires. Les Ambassades étants donc d'une si grande importance dans la société universelle des Nations, si nécessaires à leur salut commun; la personne des Ministres chargés de ces Ambassades doit être *sacrée & inviolable* chez tous les Peuples (Dr. d. G. Liv. II. §. 218.). Quiconque fait violence à un Ambassadeur, ou à tout autre Ministre Public, ne fait pas seulement injure au Souverain, que ce Ministre répréfente; il blesse la sûreté commune & le salut des Nations, il se rend coupable d'un crime atroce envers tous les Peuples.

§. 82. Cette sûreté est particulièrement dûe au Ministre, de la part du Souverain, à qui il est envoyé. Admettre un Ministre, le reconnoître en cette qualité, c'est s'engager à lui accorder la protection la plus particulière, à le faire jouir de toute la sûreté possible. Il est vrai que le Souverain doit protéger tout homme qui

se

se trouve dans ses Etats, Citoyen ou Etranger, & le mettre à couvert de la violence; mais cette attention est dûe au Ministre Etranger dans un plus haut dégré. La violence faite à un particulier, est un délit commun, que le Prince peut pardonner, selon les circonstances: A-t-elle pour objet un Ministre Public? c'est un crime d'Etat, & un attentat contre le Droit des Gens: Le pardon ne dépend pas du Prince, chez qui le crime a été commis, mais de celui qui a été offensé dans la personne de son Représentant. Cependant si le Ministre a été insulté par gens qui ne connoissoient pas son Carectère, la faute n'intéresse plus le Droit des Gens; elle retombe dans le cas des délits communs. De jeunes débauchés, dans une Ville de Suisse, ayant insulté, pendant la nuit, l'Hôtel du Ministre d'Angleterre, sans savoir qui y logeoit; le Magistrat fit demander à ce Ministre, qu'elle satisfaction il désiroit. Il répondit sagement, que c'étoit au Magistrat de pourvoir comme il l'entendroit à la sûreté publique; mais que quant à lui en particulier, il ne demandoit rien; ne se tenant point pour offensé par des gens, qui ne pouvoient l'avoir eû en vuë, puisqu'ils ne connoissoient pas sa Maison. Il y a encore ceci de particulier, dans la protection qui est dûe au Ministre Etranger: Dans les funestes maximes, introduites par un faux point d'honneur, un Souverain est dans la nécessité d'user d'indulgence envers un homme d'épée, qui se venge sur

le

le champ d'un affront, que lui fait un particulier ; mais les voies de fait ne peuvent être permises, ou excusées, contre un Ministre Public,
que dans le cas, où celui-ci, usant le prémier
de violence, mettroit quelqu'un dans la nécessité de se défendre.

§. 83. Quoique le Caractère du Ministre ne
se développe dans toute son étenduë, & ne lui
assûre ainsi la jouïssance de tous ses droits, que
dans le moment où il est reconnu & admis par
le Souverain, à qui il remet ses Lettres de Créance ; dès qu'il est entré dans le pays, où il est
envoyé, & qu'il se fait connoître, il est sous la
protection du droit des Gens ; autrement sa ve-
nuë ne seroit pas sûre. On doit, jusquà son
arrivée auprès du Prince, le regarder comme
Ministre, sur sa parole : Et d'ailleurs, outre les
avis qu'on en a ordinairement par Lettres ; en
cas de doute, le Ministre est pourvû de Passeports, qui font foi de son Caractère.

§. 84. Ces Passeports lui deviennent quelquefois nécessaires, dans les pays étrangers, où il
passe, pour se rendre au lieu de sa destination.
Il les montre, au besoin, pour se faire rendre
ce qui lui est dû. A la vérité, le Prince seul,
à qui le Ministre est envoyé, se trouve obligé
& particulièrement engagé à le faire jouïr de
tous les droits attachés au Caractère : Mais les
autres, sur les Terres de qui il passe, ne peuvent lui refuser les égards, que mérite le Ministre d'un Souverain, & que les Nations se doi-

vent

vent réciproquement. Ils lui doivent fur-tout une entière fûreté. L'infulter, ce feroit faire injure à fon Maître & à toute la Nation; l'arrêter & lui faire violence, ce feroit bleffer le Droit d'Ambaffade, qui appartient à tous les Souverains (§§. 57. & 63.). FRANÇOIS I. Roi de France étoit donc très - fondé à fe plaindre de l'affaffinat de fes Ambaffadeurs RINCON & FRECOSE, comme d'un horrible attentat contre la Foi publique & le Droit des Gens. Ces Miniftres, deftinés, l'un pour Conftantinople, & l'autre pour Venife, s'étant embarqués fur le Po, furent arrêtés & affaffinés, felon toute apparence, par les ordres du Gouverneur de Milan (*a*). L'Empereur CHARLES V. ne s'étant point mis en peine de faire rechercher les auteurs du meurtre, donna lieu de croire qu'il l'avôit commandé, ou au moins, qu'il l'approuvoit fecrettement & après - coup. Et comme il n'en donna point de fatisfaction convenable, François I. avoit un très - jufte fujet de lui déclarer la Guerre, & même de demander l'affiftance de toutes les Nations. Car une affaire de cette nature n'eft point un différend particulier, une queftion litigieufe, dans laquelle chaque partie tire le droit de fon côté; c'eft la querelle de toutes les Nations, intéreffées à maintenir comme facrés, le droit & les moyens qu'elles ont de communiquer enfemble & de traiter

de

(*a*) Voyez les Mémoires de MARTIN DU BELLAY, Liv. IX.

de leurs affaires. Si le paſſage innocent eſt dû, même avec une entière ſûreté, à un ſimple particulier; à plus forte raiſon le doit-on au Miniſtre d'un Souverâin, qui va exécuter les ordres de ſon Maître, & qui voyage pour les affaires d'une Nation. Je dis le paſſage innocent; car ſi le voyage du Miniſtre eſt juſtement ſuſpect, ſi un Souverain a lieu de craindre qu'il n'abuſe de la liberté d'entrer dans ſes Terres, pour y tramer quelque choſe contre ſon ſervice, ou qu'il n'aille pour donner des avis à ſes ennemis, pour lui en ſuſciter de nouveaux; il a été déja dit (§. 65.) qu'il peut lui refuſer le paſſage. Mais il ne doit pas le maltraiter, ni ſouffrir qu'on attente à ſa perſonne. S'il n'a pas des raiſons aſſez fortès pour lui refuſer le paſſage, il peut prendre des précautions contre l'abus que le Miniſtre en pourroit faire. Les Eſpagnols trouvèrent ces Maximes établies dans le Méxique & les Provinces voiſines : Les Ambaſſadeurs y étoient reſpectés dans toute leur route; mais ils ne pouvoient s'écarter des grands-chemins ſans perdre leurs droits (a); Réſerve ſagement établie, & ainſi règlée, pour empêcher qu'on n'envoyât des Eſpions, ſous le nom d'Ambaſſadeurs. C'eſt ainſi que la Paix ſe traitant, au fameux Congrès de *Weſtphalie*, parmi les dangers & le bruit des armes, les Courriers, que les Plénipotentiaires recevoient & dépêchoient, avoient

Partie II. Z leur

(a) Solis; Hiſtoire de la Conquête du Méxique.

leur route marquée, hors de laquelle leurs Paſſeports ne pouvoient leur ſervir (*a*).

§. 85. Ce que nous venons de dire, regarde les Nations qui ont la paix entre-elles. Dès que l'on eſt en guerre, on n'eſt plus obligé de laiſſer à l'Ennemi la libre jouiſſance de ſes droits; au contraire, on eſt fondé à l'en priver, pour l'affoiblir & le réduire à accepter des Conditions équitables. On peut encore attaquer & arrêter ſes gens, par-tout où on a la liberté d'exercer des actes d'hoſtilité. Non-ſeulement donc on peut juſtement refuſer le paſſage aux Miniſtres, qu'un Ennemi envoye à d'autres Souverains; on les arrête même, s'ils entreprennent de paſſer ſecrettement & ſans permiſſion dans les lieux dont on eſt maître. La dernière Guerre nous en fournit un grand exemple. Un Ambaſſadeur de France allant à Berlin, paſſa, par l'imprudence de ſes guides, dans un village de l'Electorat de Hannover, dont le Souverain, Roi d'Angleterre, étoit en guerre avec la France: il y fut arrêté, & enſuite transféré en Angleterre. Ni la Cour de France, ni celle de Pruſſe ne ſe plaignirent de S. M. Britannique, qui n'avoit fait qu'uſer des droits de la Guerre.

§. 86. Les raiſons qui rendent les Ambaſſades néceſſaires, & les Ambaſſadeurs ſacrés & inviolables, n'ont pas moins de force en tems de guerre, qu'en pleine paix. Au contraire, la néceſſité & le devoir indiſpenſable de conſerver quelque

(*a*) WICQUEFORT Ambaſſadeur, Liv. I. XVII.

quelque moyen de se rapprocher & de rétablir la paix, est une nouvelle raison, qui rend la personne des Ministres, instruments des pourparlers & de la réconciliation, plus sacrée encore & plus inviolable : *Nomen Legati*, dit CICERON, *ejusmodi esse debet, quod non modo inter sociorum jura, sed etiam inter hostium tela incolume versetur* (a). Aussi la sûreté de ceux, qui apportent les messages, ou les propositions de l'Ennemi, est-elle une des Loix les plus sacrées de la Guerre. Il est vrai que l'Ambassadeur d'un Ennemi ne peut venir sans permission ; & comme il n'auroit pas toûjours la commodité de la faire demander par des personnes neutres, on y a suppléé par l'établissement de certains Messagers privilégiés, pour faire des propositions en toute sûreté, d'ennemi à ennemi.

§. 87. Je veux parler des *Hérauts*, des *Trompettes* & des *Tambours*, qui, par les Loix de la Guerre & le Droit des Gens, sont sacrés & inviolables, dès qu'ils se font connoître, & tant qu'ils se tiennent dans les termes de leur Commission, dans les fonctions de leur Emploi. Cela doit être ainsi nécessairement ; car sans compter ce que nous venons de dire, qu'il faut se réserver des moyens de ramener la paix, il est, dans le cours même de la Guerre, mille occasions, où le salut commun & l'avantage des deux partis exigent qu'ils puissent se faire porter des messages & des propositions. Les *Hérauts*

Z 2

avoient

____

(a) *In Verrem* Lib. I.

avoient fuccédé aux *Féciales* des Romains : Aujourd'hui ils ne font plus guères en ufage : On envoie des *Tambours*, ou des *Trompettes*, & enfuite, felon les occafions, des Miniftres, ou des Officiers munis de Pouvoirs. Ces Tambours & Trompettes font facrés & inviolables ; mais ils doivent fe faire connoître, par les marques qui leur font propres. Le Prince d'Orange, MAURICE, témoigna un vif reffentiment contre la Garnifon d'Yfendick, qui avoit tiré fur fon Trompette (*a*) : Il difoit à cette occafion, qu'on ne fçauroit punir trop févèrement ceux qui violent le Droit des Gens. On peut voir d'autres exemples dans WICQUEFORT, & en particulier la réparation, que le Duc de Savoye, commandant l'Armée de CHARLES-QUINT, fit faire à un Trompette François, qui avoit été démonté & dépouillé par quelques foldats Allemands (*b*).

§. 88. Dans les Guerres des *Pays bas*, le Duc d'ALBE fit pendre un Trompette du Prince d'Orange, difant, qu'il n'étoit pas obligé de donner fûreté à un Trompette, que lui envoyoit le Chef des Rebelles (*c*). Ce Général fanguinaire viola certainement, en cette occafion comme en bien d'autres, les Loix de la Guerre, qui doivent être obfervées même dans les Guerres Civiles, comme nous l'avons prouvé ci-deffus (Part. I. Chap. XVIII.) Et comment viendra-

(*a*) WICQUEFORT Liv. I. Sect. III.
(*b*) Ibid.
(*c*) Idem. ibid.

dra-t-on à parler de paix, dans ces occasions malheureuses ; par quel moyen ménagera-t-on un Accommodement salutaire, si les deux Partis ne peuvent se faire porter des messages & s'envoyer réciproquement des personnes de confiance, en toute sûreté. Le même Duc d'Albe, dans la Guerre que les Espagnols firent ensuite aux Portugais, qu'ils traitoient aussi de rebelles, fit pendre le Gouverneur de Cascaïs, parce qu'il avoit fait tirer sur le Trompette, qui venoit sommer la Place (a). Dans une Guerre Civile, ou lorsqu'un Prince prend les armes, pour soumettre un Peuple, qui se croit dispensé de lui obéir ; prétendre forcer les Ennemis à respecter les Loix de la Guerre, dans le tems qu'on s'en dispense à leur égard, c'est vouloir porter ces Guerres aux derniers excès de la cruauté ; c'est les faire dégénerer en massacres sans règle & sans mesure, par un enchainement de répresailles réciproques.

§. 89. Mais, de même qu'un Prince, s'il en a de bonnes raisons, peut se dispenser d'admettre & d'écouter des Ambassadeurs ; un Général d'Armée, ou tout autre Commandant, n'est pas toûjours obligé de laisser approcher & d'écouter un Trompette, ou un Tambour. Si un Gouverneur de Place, par exemple, craint qu'une sommation n'intimide sa Garnison & ne fasse naître des idées de capituler avant le tems ; il peut sans-doute envoyer au devant du Trom-

Z 3

pette

(a) *Idem. ibid.*

pette qui s'approche, lui ordonner de se retirer, & déclarer, que s'il revient pour le même sujet & sans permission, il fera tirer sur lui. Cette conduite n'est pas une violation des Loix de la Guerre: mais il ne faut y venir que sur des raisons pressantes, parcequ'elle expose, en irritant l'ennemi, à en être traité à toute rigueur & sans ménagement: refuser d'écouter un Trompette, sans en donner une bonne raison, c'est déclarer qu'on veut faire la Guerre à outrance.

§. 90. Soit qu'on admette un Héraut, ou un Trompette, soit qu'on refuse de l'entendre, il faut éviter à son égard, tout ce qui peut sentir l'insulte. Non-seulement ce respect est dû au Droit des Gens; c'est encore une maxime de prudence. En 1744. le Bailly de GIVRY envoya un Trompette avec un Officier, pour sommer la Redoute de Pierre-longe en Piedmont. L'Officier Savoyard, qui commandoit dans la Redoute, brave-homme, mais brusque & emporté, indigné de se voir sommé dans un poste, qu'il croyoit bon, fit une réponse, injurieuse au Général François. L'Officier, en homme d'esprit, la rendit au Bailly de Givry, en présence des Troupes Françoises: Elles en furent enflammées de colère; & l'ardeur de venger un affront, se joignant à leur valeur naturelle, rien ne fut capable de les arrêter: Les pertes qu'elles souffrirent dans une attaque très sanglante, ne firent que les animer; elles emportèrent enfin la Redoute, & l'imprudent Commandant contribua ainsi

ainsi à sa perte & à celle de ses gens & de son poste.

§. 91. Le Prince, le Général de l'Armée, & chaque Commandant en chef, dans son Département, ont seuls le droit d'envoyer un Trompette, ou Tambour ; & ils ne peuvent l'envoyer aussi qu'au Commandant en chef. Si le Général qui assiège une Ville, entreprenoit d'envoyer un Trompette à quelque subalterne, au Magistrat, ou à la Bourgeoisie, le Gouverneur de la Place pourroit avec justice traiter ce Trompette en Espion. FRANÇOIS I. Roi de France, étant en Guerre avec CHARLES-QUINT, envoya un Trompette à la Diette de l'Empire, assemblée à Spire, en 1544. L'Empereur fit arrêter le Trompette, & menaça de le faire pendre, parce qu'il ne lui étoit pas addressé (a). Mais il n'osa exécuter sa menace, sans-doute parce qu'il sentoit bien, malgré ses plaintes, que la Diette étant en droit, même sans son aveu, d'écouter les propositions d'un Ennemi, cet Ennemi pouvoit lui envoyer un Trompette. D'un autre côté, on dédaigne de recevoir un Tambour, ou Trompette, de la part d'un subalterne ; à moins que ce ne soit pour quelque objet particulier & dépendant de l'autorité présente de ce subalterne, dans ses fonctions. Au siège de Rhinberg en 1598. un Mestre de Camp d'un Régiment Espagnol s'étant avisé de faire sommer la Place, le Gouverneur fit dire au Tambour, qu'il

Z 4

eût

(a) WICQUEFORT, *ubi suprà.*

eût à se retirer, & que si quelqu'autre Tambour ou Trompette étoit assez hardi pour y revenir de la part d'un subalterne, il le feroit pendre (a).

§. 92. L'inviolabilité du Ministre Public, ou la sûreté, qui lui est dûe plus saintement & plus particulièrement qu'à tout autre, étranger ou citoyen, n'est pas son seul Privilège : L'usage universel des Nations lui attribuë de plus une entière indépendance de la Jurisdiction & de l'Autorité de l'Etat où il réside. Quelques Auteurs (b) prétendent que cette indépendance est de pure institution entre les Nations, & veulent qu'on la rapporte au Droit des Gens Arbitraire, qui vient des Mœurs, de la Coûtume, ou des Conventions particulières : Ils nient qu'elle soit de Droit-des-Gens-Naturel. Il est vrai que la Loi Naturelle donne aux hommes le droit de réprimer & de punir ceux qui leur font injure, & par conséquent elle donne aux Souverains celui de punir un Etranger, qui trouble l'ordre public, qui les offense eux-mêmes, ou qui maltraite leurs sujets ; elle les autorise à obliger cet Etranger de se conformer aux Loix & de remplir fidèlement ce qu'il doit aux Citoyens. Mais il n'est pas moins vrai que la même Loi Naturelle impose à tous les Souverains l'obligation de consentir aux choses, sans lesquelles les Nations ne pourroient cultiver la Société que la Nature a établie entre elles, correspondre ensemble,

(a) *Idem, ibid.*
(b) *Vide* WOLF. Jus Gent. §. 1059.

semble, traiter de leurs affaires, ajuster leurs
différends. Or les Ambassadeurs & autres Ministres Publics sont des instruments nécessaires
à l'entretien de cette Société générale, de cette
correspondance mutuelle des Nations. Mais
leur Ministère ne peut atteindre la fin à laquelle il est destiné, s'il n'est muni de toutes les prérogatives capables d'en assûrer le succès légitime, de le faire exercer en toute sûreté, librement & fidèlement. Le même Droit des Gens,
qui oblige les Nations à admettre les Ministres
Etrangers, les oblige donc aussi manifestement
à recevoir ces Ministres avec tous les droits qui
leur sont nécessaires, tous les Privilèges qui as-
sûrent l'exercice de leurs fonctions. Il est aisé
de comprendre que l'indépendance doit être
l'un de ces Privilèges. Sans elle, la sûreté, si
nécessaire au Ministre Public, ne sera que précaire : On pourra l'inquiéter, le persécuter, le
maltraiter, sous mille prétextes. Souvent le
Ministre est chargé de commissions desagréables
au Prince, à qui il est envoyé : Si ce Prince a
quelque pouvoir sur lui, & singulièrement une
Autorité souveraine ; comment espérer que le
Ministre exécutera les ordres de son Maître, avec
la fidélité, la fermeté, la liberté d'esprit nécessaires ? Il importe qu'il n'ait point de pièges à
redouter, qu'il ne puisse être distrait de ses fonctions par aucune chicane, il importe qu'il
n'ait rien à espérer, ni rien à craindre du Souverain à qui il est envoyé. Il faut donc, pour

Z 5   assûrer

aſſûrer le ſuccès de ſon Miniſtère, qu'il ſoit in-dépendant de l'Autorité ſouveraine, de la Juris-diction du pays, tant pour le Civil, que pour le Criminel. Ajoûtons que les Seigneurs de la Cour, les perſonnes les plus conſidérables ne ſe chargeroient qu'avec répugnance d'une Ambaſ-ſade, ſi cette Commiſſion devoit les ſoumettre à une Autorité étrangère, ſouvent chez des Na-tions peu amies de la leur, où ils auront à ſou-tenir des prétentions desagréables, à entrer dans des diſcuſſions, où l'aigreur ſe mêle aiſément. Enfin, ſi l'Ambaſſadeur peut être accuſé pour délits communs, pourſuivi criminellement, ar-rêté, puni : s'il peut être cité en Juſtice pour affaires Civiles; il arrivera ſouvent qu'il ne lui reſtera ni le pouvoir, ni le loiſir, ni la liberté d'eſprit que demandent les affaires de ſon Maî-tre. Et la dignité de la Répréſentation, com-ment ſe maintiendra - t - elle dans cet aſſujettiſ-ſement? Pour toutes ces raiſons, il eſt impoſſi-ble de concevoir, que l'intention du Prince, qui envoie un Ambaſſadeur, ou tout autre Miniſtre, ſoit de le ſoumettre à l'Autorité d'une Puiſſance Etrangère. C'eſt ici une nouvelle raiſon, qui achève d'établir l'indépendance du Miniſtre Pu-blic. Si l'on ne peut raiſonnablement préſu-mer, que ſon Maître veuille le ſoumettre à l'Au-torité du Souverain à qui il l'envoie; ce Sou-verain, en recevant le Miniſtre, conſent à l'ad-mettre ſur ce pied d'indépendance : Et voilà, entre les deux Princes, une Convention tacite,

qui

qui donne une nouvelle force à l'obligation naturelle.

L'ufage eft entièrement conforme à nos Principes. Tous les Souverains prétendent une parfaite indépendance pour leurs Ambaffadeurs & Miniftres. S'il eft vrai qu'il fe foit trouvé un Roi d'Efpagne, qui, défirant de s'attribuer une Jurisdiction fur les Miniftres Etrangers réfidents à fa Cour, ait écrit à tous les Princes Chrétiens, que fi fes Ambaffadeurs venoient à commettre quelque crime dans le lieu de leur réfidence, il vouloit qu'ils fuffent déchûs de leurs Privilèges, & jugés fuivant les Loix du pays (*a*); un exemple unique ne fait rien, en pareille matière, & la Couronne d'Efpagne n'a point adopté cette façon de penfer.

§. 93. Cette indépendance du Miniftre Etranger ne doit pas être convertie en licence : Elle ne le difpenfe point de fe conformer dans fes actes extérieurs, aux ufages & aux Loix du pays, dans tout ce qui eft étranger à l'objet de fon Caractère : Il eft indépendant ; mais il n'a pas droit de faire tout ce qu'il lui plaît. Ainfi, par exemple, s'il eft défendu généralement à tout le monde, de paffer en Carroffe auprès d'un Magafin à poudre, ou fur un pont, de vifiter & exami-

(*a*) Le fait eft avancé par ANTOINE DE VERA, dans fon *Idée du parfait Ambaffadeur*. Mais ce récit paroît fufpect à WICQUEFORT, parce qu'il ne l'a trouvé, dit-il, dans aucun autre Ecrivain (Ambaff. Liv. I. Sect. XXIX. *init.*)

examiner les fortifications d'une Place &c.
l'Ambassadeur doit respecter de pareilles dé-
fenses. S'il oublie ses devoirs, s'il devient insolent, s'il commet des fautes & des crimes;
il y a divers moyens de le réprimer, selon l'importance & la nature de ses fautes; & nous allons en parler, après que nous aurons dit deux
mots de la conduite que le Ministre Public
doit tenir, dans le lieu de sa résidence. Il ne
peut se prévaloir de son indépendance, pour
choquer les Loix & les usages, mais plutôt il
doit s'y conformer, autant que ces Loix & ces
usages peuvent le concerner, quoique le Magistrat n'ait pas le pouvoir de l'y contraindre;
& sur - tout il est obligé d'observer religieusement les règles universelles de la Justice, envers
tous ceux qui ont affaire à lui. A l'égard du
Prince à qui il est envoyé, l'Ambassadeur doit
se souvenir, que son Ministère est un Ministère
de Paix, & qu'il n'est reçu que sur ce pied - là.
Cette raison lui interdit toute mauvaise pratique. Qu'il serve son Maître, sans faire tort
au Prince qui le reçoit. C'est une lâche trahison, que d'abuser d'un Caractère sacré, pour
tramer sans crainte la perte de ceux qui ré-
spectent ce Caractère, pour leur tendre des em-
buches, pour leur nuire sourdement, pour
brouiller & ruïner leurs affaires. Ce qui seroit
infâme & abominable, dans un Hôte particulier, deviendra-t-il donc honnête & permis
au Représentant d'un Souverain?

Il se présente ici une Question intéressante. Il n'est que trop ordinaire aux Ambassadeurs, de travailler à corrompre la fidélité des Ministres de la Cour où ils résident, celle des Secrétaires & autres employés dans les Bureaux. Que doit - on penser de cette pratique? Corrompre quelqu'un, le séduire, l'engager, par l'attrait puissant de l'or, à trahir son Prince & son devoir, c'est incontestablement une mauvaise action, selon tous les principes certains de la Morale. Comment se la permet - on si aisément dans les Affaires Publiques? Un sage & vertueux Politique (*a*) donne assez à entendre, qu'il condamne absolument cette indigne ressource. Mais pour ne pas *se faire lapider dans le Monde Politique*, il se borne à conseiller de n'y avoir recours qu'au défaut de tout autre moyen. Pour nous, qui écrivons sur les Principes sacrés & invariables du Droit, disons hardiment, pour n'être pas infidèles au Monde Moral, que la corruption est un moyen contraire à toutes les règles de la Vertu & de l'honnêteté, qu'elle blesse évidemment la Loi Naturelle. On ne peut rien concevoir de plus déshonnête, de plus opposé aux devoirs mutuels des hommes, que d'induire quelqu'un à faire le mal. Le corrupteur pêche certainement envers le misérable qu'il séduit. Et pour ce qui concerne le Souverain, dont on découvre les

secrets

(*a*) M. Pecquet, Discours sur l'Art de négocier, p. 91. 92.

secrets de cette manière, n'est-ce pas l'offenser, lui faire injure, que de profiter de l'accès favorable qu'il donne à sa Cour, pour corrompre la fidélité de ses serviteurs? Il est en droit de chasser le corrupteur, & de demander justice à celui qui l'a envoyé.

Si jamais la corruption est excusable, c'est lorsqu'elle se trouve l'unique moyen de découvrir pleinement & de déconcerter une trame odieuse, capable de ruïner, ou de mettre en grand péril l'Etat que l'on sert. Celui qui trahit un pareil secret, peut, selon les circonstances, n'être pas condamnable : Le grand & légitime avantage qui découle de l'action qu'on lui fait faire, la nécessité d'y avoir recours, peuvent nous dispenser de nous arrêter trop scrupuleusement sur ce qu'elle peut avoir d'équivoque de sa part. Le gagner est un acte de simple & juste défense. Tous les jours on se voit obligé, pour faire avorter les complots des méchans, de mettre en œuvre les dispositions vicieuses de leurs semblables. C'est sur ce pied-là que HENRI IV. disoit à l'Ambassadeur d'Espagne, qu'*il est permis à l'Ambassadeur d'employer la corruption, pour découvrir les intrigues qui se font contre le service de son Maître (a);* ajoûtant, que les affaires de Marseilles, de Metz, & plusieurs autres, faisoient assez voir qu'il avoit raison de tâcher à pénétrer les desseins, qu'on formoit

(a) Voyez les Mémoires de SULLY & les Historiens de France.

moit à Bruxelles, contre le repos de son Royaume.   Ce grand Prince ne jugeoit pas sans-
doute, que la séduction fût toûjours une pratique excusable dans un Ministre Etranger;
puisqu'il fit arrêter BRUNEAU Sécrétaire de l'Ambassadeur d'Espagne, qui avoit pratiqué MAIR-
ARGUES, pour faire livrer Marseilles aux
Espagnols.

Profiter simplement des offres d'un Traitre,
que l'on n'a point séduit, est moins contraire à
la justice & à l'honnêteté.   Mais les exemples
des Romains, qui sont rapportés ailleurs *, où il s'agissoit cependant d'ennemis dé-
clarés; ces exemples, dis-je, font voir que la
grandeur-d'ame rejette même ce moyen, pour
ne pas encourager l'infâme trahison.   Un Prince, un Ministre, dont les sentimens ne seront
point inférieurs à ceux de ces anciens Romains,
ne se permettra d'accepter les offres d'un Traître, que quand une cruelle nécessité lui en fera
la loi; & il regrettera de devoir son salut à cette indigne ressource.

Mais je ne prétens pas condamner ici les
soins, ni même les présents & les promesses,
qu'un Ambassadeur met en usage, pour acqué-
rir des Amis à son Maître.   Ce n'est pas séduire les gens & les pousser au crime, que de se
concilier leur affection; & c'est à ces nouveaux
Amis à s'observer de façon, que leur inclination

pour

* Dr. d. G. Liv. III. §. 155. & §. 181.

pour un Prince étranger ne les détourne jamais de la fidélité, qu'ils doivent à leur Souverain.

§. 94. Si l'Ambassadeur oublie les devoirs de son état, s'il se rend desagréable & dangereux, s'il forme des Complots, des entreprises préjudiciables au repos des Citoyens, à l'Etat, ou au Prince, à qui il est envoyé; il est divers moyens de le réprimer, proportionnés à la nature & au dégré de sa faute. S'il maltraite les sujets de l'Etat, s'il leur fait des injustices, s'il use contre eux de violence; les sujets offensés ne doivent point recourir aux Magistrats ordinaires, de la Jurisdiction desquels l'Ambassadeur est indépendant; & par la même raison, ces Magistrats ne peuvent agir directement contre lui. Il faut, en pareilles occasions, s'addresser au Souverain, qui demande justice au Maître de l'Ambassadeur, & en cas de refus, peut ordonner au Ministre insolent de sortir de ses Etats.

§. 95. Si le Ministre Etranger offense le Prince lui-même, s'il lui manque de respect, s'il brouille l'Etat & la Cour par ses intrigues; le Prince offensé, voulant garder des ménagemens particuliers pour le Maître, se borne quelquefois à demander le rappel du Ministre; ou si la faute est plus considérable, il lui défend la Cour, en attendant la réponse du Maître. Dans les cas graves, il va même jusqu'à le chasser de ses Etats.

§. 96. Tout Souverain est sans-doute en droit d'en user de la sorte. Car il est maître

chez

chez - lui ; aucun étranger ne peut demeurer à sa Cour, ou dans ses Etats, sans son aveu. Et si les Souverains sont en général obligés d'écouter les propositions des Puissances Etrangères & d'admettre leurs Ministres; cette obligation cesse entièrement à l'égard d'un Ministre, qui, manquant lui - même aux devoirs que lui impose son Caractère, se rend dangereux ou justement suspect à celui, auprès duquel il ne peut venir que comme Ministre de Paix. Un Prince seroit - il obligé de souffrir dans ses terres & à sa Cour, un Ennemi secret, qui trouble l'Etat, ou qui en machine la perte ? Ce fut une plaisante réponse que celle de PHILIPPE II. à la Reine ELISABETH, qui le faisoit prier de rappeller son Ambassadeur, parce que celui - ci tramoit contre elle des complots dangereux. Le Roi d'Espagne refusa de le rappeller, disant : Que ,, la condition des Princes seroit ,, bien malheureuse, s'ils étoient obligés de ré- ,, voquer leur Ministre, dès que sa conduite ,, ne répondroit point à l'humeur ou à l'intérêt ,, de ceux avec qui il négocie (a) ,,. Elle seroit bien plus malheureuse la condition des Princes, s'ils étoint obligés de souffrir dans leurs Etats, & à leur Cour, un Ministre desagréable, ou justement suspect, un brouillon, un enne- mi masqué sous le Caractère d'Ambassadeur, qui se prévaudroit de son inviolabilité, pour tra- mer hardiment des entreprises pernicieuses.

Partie II.   A a   La

(a) WICQUEFORT *ubi suprà.* Liv. I. Sect. XXIX.

La Reine, juſtement offenſée du refus de Philippe, fit donner des Gardes à l'Ambaſſadeur *(a)*.

Mais doit - on toûjours ſe borner à chaſſer un Ambaſſadeur, à quelque excès qu'il ſe ſoit porté? Quelques Auteurs le prétendent, fondés ſur la parfaite indépendance du Miniſtre Public. J'avouë qu'il eſt indépendant de la Juriſdiction du pays; & j'ai déja dit, que, par cette raiſon, le Magiſtrat ordinaire ne peut procéder contre lui. Je conviens encore, que pour toute ſorte de délits communs, pour les ſcandales & les deſordres, qui font tort aux Citoyens & à la Société, ſans mettre l'Etat ou le Souverain en péril, on doit ce ménagement à un Caractère ſi néceſſaire pour la correſpondance des Nations, & à la Dignité du Prince répréſenté, de ſe plaindre à lui de la conduite de ſon Miniſtre, & de lui en demander la réparation; & ſi on ne peut rien obtenir, de ſe borner à chaſſer ce Miniſtre, au cas que la gravité de ſes fautes exige abſolument qu'on y mette ordre. Mais l'Ambaſſadeur pourra - t - il impunément cabaler contre l'Etat où il réſide, en machiner la perte, inciter les ſujets à la révolte, & ourdir ſans crainte les Conſpirations les plus dangereuſes, lorsqu'il ſe tient aſſuré de l'aveu de ſon Maître? S'il ſe comporte en Ennemi, ne ſera - t - il pas permis de le traiter comme tel? La choſe eſt indubitable, à l'égard d'un Ambaſſadeur qui en vient aux voies de fait, qui prend les armes, qui uſe

de

____

(a) Idem, ibid.

de violence. Ceux qu'il attaque peuvent le re-
pousser; la défense de soi-même est de Droit
Naturel. Ces Ambassadeurs Romains, envoyés
aux Gaulois, & qui combattirent contre eux
avec les Peuples de Clusium, se dépouillèrent
eux-mêmes de leur Caractère (*a*). Qui pourroit penser que les Gaulois devoient les épargner dans la Bataille?

§. 98. La question a plus de difficulté à l'é-
gard d'un Ambassadeur qui, sans en venir
actuellement aux voies de fait, ourdit des tra-
mes dangereuses, incite, par ses menées, les
sujets à la révolte, forme & anime des Conspirations contre le Souverain ou contre l'Etat.
Ne pourra-t-on réprimer & punir exemplaire-
ment un Traître, qui abuse de son Caractère,
& qui viole le prémier le Droit des Gens? Cette Loi sacrée ne pourvoit pas moins à la sûreté
du Prince qui reçoit un Ambassadeur, qu'à celle de l'Ambassadeur lui-même. Mais d'un autre côté, si nous donnons au Prince offensé, le
droit de punir, en pareil cas, un Ministre
Etranger, il en résultera de fréquens sujets de
contestation & de rupture entre les Puissances,
& il sera fort à craindre que le Caractère d'Ambassadeur ne soit privé de la sûreté qui lui est
nécessaire. Il est certaines pratiques, tolérées

A a 2

dans

(*a*) TIT. LIV. *Lib.* V. *Cap.* XXVI. L'Historien décide sans balancer, que ces Ambassadeurs violèrent
le Droit des Gens : *Legati contra Jus Gentium
arma capiunt.*

dans les Miniſtres Etrangers, quoiqu'elles ne ſoient pas toûjours fort honnêtes; il en eſt que l'on ne peut réprimer par des peines, mais ſeulement en ordonnant au Miniſtre de ſe retirer: Comment marquer toûjours les limites de ces divers dégrés de faute? On chargera d'odieuſes couleurs les intrigues d'un Miniſtre, que l'on voudra troubler; on calomniera ſes intentions & ſes démarches, par une interprétation ſiniſtre; on lui ſuſcitera même de fauſſes accuſations. Enfin, les entrepriſes de cette nature ſe font d'ordinaire avec précaution, elles ſe ménagent dans le ſecret; la preuve complette en eſt difficile, & ne s'obtient guères que par les formalités de la Juſtice. Or on ne peut aſſujettir à ces formalités un Miniſtre indépendant de la Juriſdiction du pays.

En poſant les fondemens du Droit des Gens Volontaire, nous avons vû que les Nations doivent quelquefois ſe priver néceſſairement, en faveur du bien général de certains Droits, qui, pris en eux-mêmes & abſtraction faite de toute autre conſidération, leur appartiendroient naturellement. Ainſi le Souverain, dont la Cauſe eſt juſte, a ſeul véritablement tous les Droits de la Guerre*; & cependant il eſt obligé de conſidérer ſon Ennemi comme ayant des Droits égaux aux ſiens, & de le traiter en conſéquence **. Les mêmes Principes nous ſerviront ici

de

* Part. I. §. 188.
** Part. I. §. §. 190. & 191.

de règle. Difons donc, qu'en faveur de la grande utilité, de la néceffité même des Ambaffades, les Souverains font obligés de refpecter l'inviolabilité de l'Ambaffadeur, tant qu'elle ne fe trouve pas incompatible avec leur propre fûreté & le falut de leur Etat. Et par conféquent, quand les menées de l'Ambaffadeur font dévoilées, fes complots découverts; quand le péril eft paffé, en forte que, pour s'en garentir, il n'eft plus néceffaire de mettre la main fur lui; il faut, en confidération du Caractère, renoncer au droit général de punir un Traître, un Ennemi couvert, qui attente au falut de l'Etat, & fe borner à chaffer le Miniftre coupable, en demandant fa punition au Souverain de qui il dépend.

C'eft en effet de quoi la plûpart des Nations, & fur - tout celles de l'Europe, font tombées d'accord. On peut voir dans WICQUEFORT (a) plufieurs exemples des principaux Souverains de l'Europe, qui fe font contentés de chaffer des Ambaffadeurs coupables d'entreprifes odieufes, quelquefois même fans en demander la punition aux Maîtres, de qui ils n'efpéroient pas de l'obtenir. Ajoûtons à ces exemples celui du Duc d'ORLE'ANS Régent de France: Ce Prince ufa de ménagement envers le Prince de CELLAMARE Ambaffadeur d'Efpagne, qui avoit tramé contre lui une Confpiration dangereufe; fe bor-

Aa 3 nant

(a) Ambaffadeur, Liv. I. Sect. XXVII. XXVIII. & XXIX.

nant à lui donner des Gardes, à saisir ses papiers, & à le faire conduire hors du Royaume. L'Histoire Romaine fournit un exemple très-ancien, dans la personne des Ambassadeurs de TARQUIN. Venus à Rome, sous prétexte de reclamer les biens particuliers de leur Maître, qui avoit été chassé; ils y pratiquèrent une Jeunesse corrompuë, & l'engagèrent dans une horrible trahison contre la Patrie. Quoique la conduite de ces Ambassadeurs parût autoriser à les traiter en ennemis, les Consuls & le Sénat respectèrent en leurs personnes le Droit des Gens (a). Les Ambassadeurs furent renvoyés, sans qu'on leur fît aucun mal; mais il paroît par le récit de TITE-LIVE, qu'on leur enleva les Lettres des Conjurés, dont ils étoient chargés pour TARQUIN.

§. 99. Cet exemple nous conduit à la véritable règle du Droit des Gens, dans les cas dont il est question. On ne peut punir l'Ambassadeur, parcequ'il est indépendant; & il ne convient pas, par les raisons que nous venons d'exposer, de le traiter en ennemi, tant qu'il n'en vient pas lui-même à la violence & aux voies de fait: Mais on peut contre lui tout ce qu'exige raisonnablement le soin de se garentir du mal qu'il a machiné, de faire avorter ses complots. S'il étoit nécessaire, pour déconcerter & prévenir une

____

(a) *Et quamquam visi sunt (Legati) commisisse, ut hostium loco essent, Jus tamen Gentium valuit.* TIT. LIV. Lib. II. c. IV.

une Conjuration, d'arrêter, de faire périr même un Ambaſſadeur, qui l'anime & la dirige; je ne vois pas qu'il y eût à balancer; non-ſeulement parceque le ſalut de l'Etat eſt la Loi ſuprême, mais encore parceque, indépendamment de cette maxime, on en a un droit parfait & particulier, produit par les propres faits de l'Ambaſſadeur. Le Miniſtre Public eſt indépendant, il eſt vrai, & ſa perſonne ſacrée; mais il eſt permis, ſans-doute, de repouſſer ſes attaques, ſourdes ou ouvertes, de ſe défendre contre lui, dès qu'il agit en ennemi & en traître. Et ſi nous ne pouvons nous ſauver ſans qu'il lui en arrive du mal; c'eſt lui qui nous met dans la néceſſité de ne pas l'épargner. Alors on peut dire avec raiſon, que le Miniſtre ſe prive lui-même de la protection du Droit des Gens. Je ſuppoſe que le Sénat de Veniſe, découvrant la Conjuration du Marquis de BEDMAR (a), & convaincu que cet Ambaſſadeur en étoit l'ame & le Chef, n'eût pas eû d'ailleurs des lumières ſuffiſantes, pour étouffer cet horrible Complot; qu'il eût été incertain ſur le nombre & la Condition des Conjurés, ſur les objets de la Conjuration, ſur le lieu où elle devoit éclater; qu'il eût été en doute ſi on ſe propoſoit de faire révolter l'Armée navale, ou les Troupes de terre, de ſurprendre quelque Place importante: Auroit-il été obligé de laiſſer par-

Aa 4

tir

(a) Voyez-en l'Hiſtoire écrite par l'Abbé de ST RE'AL.

tir l'Ambaſſadeur en liberté, & par-là de lui donner moyen d'aller ſe mettre à la tête de ſes Complices & de faire réuſſir ſes deſſeins? On ne le dira pas ſérieuſement. Le Sénat eût donc été en droit de faire arrêter le Marquis & toute ſa Maiſon, de leur arracher même leur funeſte ſecret. Mais ces prudents Républicains, voyant le péril paſſé, & la Conjuration entièrement étouffée, voulurent ſe ménager avec l'Eſpagne, & défendant d'accuſer les Eſpagnols d'avoir eû part au Complot, ils prièrent ſeulement l'Ambaſſadeur de ſe retirer, pour ſe garentir de la fureur du peuple.

§. 100. On doit ſuivre ici la même règle, que nous avons donnée ci-deſſus *, en traitant de ce qui eſt permis contre un Ennemi: Dès que l'Ambaſſadeur agit en ennemi, on peut ſe permettre contre lui tout ce qui eſt néceſſaire pour faire avorter ſes mauvais deſſeins & pour ſe mettre en ſûreté. C'eſt encore ſur ce même principe, & ſur cette idée, qui préſente l'Ambaſſadeur comme un Ennemi public, quand il en fait les actions, que nous déciderons ſon ſort, au cas qu'il porte ſes attentats juſqu'au plus haut dégré d'atrocité. Si l'Ambaſſadeur commet de ces crimes atroces, qui attaquent la ſûreté du Genre-humain, s'il entreprend d'aſſaſſiner ou d'empoiſonner le Prince, qui l'a reçû à ſa Cour; il mérite, ſans difficulté, d'être puni comme un

* Part. I. §. 136.

un Ennemi, traître, empoisonneur ou assassin *. Son Caractère, qu'il a si indignement souillé, ne peut le soustraire à la peine. Le Droit des Gens protégeroit - il un Criminel, dont la sûreté de tous les Princes & le salut du Genre-humain demandent le supplice? On doit peu s'attendre, il est vrai, qu'un Ministre Public se porte à de si horribles excès. Ce sont ordinairement des gens d'honneur, que l'on décore de ce Caractère: Et quand il s'en trouveroit, dans le nombre, de ceux qui ne font scrupule de rien; les difficultés, la grandeur du péril sont capables de les arrêter. Cependant ces attentats ne sont pas sans exemple dans l'Histoire. M. BARBEYRAC (a) rapporte celui d'un Assassinat commis en la personne du Seigneur de Sirmium, par un Ambassadeur, que lui envoya CONSTANTIN DIOGENE Gouverneur de la Province voisine pour BASILE II. Empereur de Constantinople, & il cite l'Historien CEDRENUS. Voici un fait, qui se rapporte à la matière. CHARLES III. Roi de Naples ayant envoyé en 1382. à son Compétiteur LOUIS Duc d'Anjou, un Chevalier nommé MATTHIEU SAUVAGE, en qualité de Héraut, pour le défier à un Combat singulier; ce Héraut fut soupçonné de porter une demi - lance, dont le fer étoit imbû d'un

Aa 5

poison

---

* Part. I. §. 155.

(a) Dans ses notes sur le Traité du Juge compétent des Ambassadeurs par M. DE BYNKERSHOEK. Chap. XXIV. §. V. not. 2.

poifon fi fubtil, que quiconque y arrêtoit fixement la vuë, ou en laiſſoit toucher ſes habits, tomboit mort à l'inſtant. Le Duc d'Anjou averti, refuſa de voir le Héraut, & le fit arrêter: On l'interrogea; & ſur ſa propre confeſſion, il eut la tête tranchée. Charles ſe plaignit du ſupplice de ſon Héraut, comme d'une infraction aux Loix & aux uſages de la Guerre. Louis ſoutint dans ſa réponſe, qu'il n'avoit point violé les Loix de la Guerre à l'égard du Chevalier Sauvage, condamné ſur ſa propre déclaration (a). Si le crime imputé au Chevalier eût été bien avéré; ce Héraut étoit un Aſſaſſin, qu'aucune Loi ne pouvoit protéger. Mais la nature ſeule de l'accuſation en montre aſſez la fauſſeté.

§. 101. La Queſtion que nous venons de traiter, a été débattuë en Angleterre & en France, en deux occaſions célébres. Elle le fut à Londres, à l'occaſion de JEAN LESLEY Evêque de Roſſe, Ambaſſadeur de MARIE Reine d'Ecoſſe. Ce Miniſtre ne ceſſoit de cabaler contre la Reine ELISABETH & contre le repos de l'Etat: Il formoit des Conjurations; il excitoit les ſujets à la révolte. Cinq des plus habiles Avocats, conſultés par le Conſeil Privé, décidèrent, *que l'Ambaſſadeur qui excite une rébellion contre le Prince auprès duquel il réſide, eſt déchû des privilèges du Caractère, & ſujet aux peines de la Loi.*

Ils

(a) Hiſtoire des Rois des deux Siciles, par M. D'EGLI.

Ils devoient dire plûtôt, qu'on peut le traiter en ennemi. Mais le Conseil se contenta de faire arrêter l'Evêque ; & après l'avoir détenu prisonnier à la Tour, pendant deux ans, on le mit en liberté, quand on n'eût plus rien à craindre de ses intrigues, & on le fit sortir du Royaume (a). Cet exemple peut confirmer les Principes que nous avons établis. J'en dis autant du suivant. *Bruneau* Sécrétaire de l'Ambassadeur d'Espagne en France, fut surpris traitant avec *Mairargues*, en pleine paix, pour faire livrer Marseilles aux Espagnols. On le mit en prison, & le Parlement, qui fit le Procès à Mairargues, interrogea Bruneau juridiquement. Mais il ne le condamna pas ; il le renvoya au Roi, qui le rendit à son Maître, à condition qu'il le feroit sortir incessamment du Royaume. L'Ambassadeur se plaignit vivement de la détention de son Sécrétaire. Mais HENRI IV. lui répondit très - judicieusement, *que le Droit des Gens n'empêche pas qu'on ne puisse arrêter un Ministre Public, pour lui ôter le moyen de faire du mal.* Le Roi pouvoit ajoûter, qu'on a même le droit de mettre en usage, contre le Ministre, tout ce qui est nécessaire pour se garentir du mal qu'il a voulu faire, pour déconcerter ses entreprises & en prévenir les suites. C'est ce qui autorisoit le Parlement à faire subir un Interrogatoire à Bruneau, pour découvrir tous ceux qui avoient trempé dans un Complot si dangereux.

La

(a) CAMDEN, Annal. Angl. *ad ann.* 1571. 1573.

La queſtion, ſi les Miniſtres Etrangers qui violent le Droit des Gens ſont déchus de leurs Privilèges, fut agitée fortement à Paris : Mais le Roi n'en attendit pas la déciſion, pour rendre Bruneau à ſon Maître (*a*).

§. 102. Il n'eſt pas permis de maltraiter un Ambaſſadeur par répréſailles. Car le Prince qui uſe de violence contre un Miniſtre Public, commet un crime ; & l'on ne doit pas s'en venger en l'imitant. On ne peut jamais, ſous prétexte de répréſailles, commettre des actions illicites en elles-mêmes : Et tels ſeroient ſans doute de mauvais traitemens, faits à un Miniſtre innocent, pour les fautes de ſon Maître. S'il eſt indiſpenſable d'obſerver généralement cette règle, en fait de répréſailles, le reſpect qui eſt dû au Caractère, la rend plus particulièrement obligatoire envers l'Ambaſſadeur. Les Carthaginois avoient violé le Droit des Gens envers les Ambaſſadeurs de Rome : On amena à SciPION quelques Ambaſſadeurs de ce Peuple perfide, & on lui demanda ce qu'il vouloit qu'on leur fît : *Rien*, dit-il, *de ſemblable à ce que les Carthaginois ont fait aux nôtres ;* & il les renvoya en ſûreté (*b*). Mais en même-tems il ſe pré-

(*a*) Voyez cette diſcuſſion & les diſcours que HENRI IV. tint à ce ſujet à l'Ambaſſadeur d'Eſpagne, dans les Mémoires de NEVERS Tom. II. p. 858. & ſuiv. dans MATTHIEU Tom. II. Liv. III. & dans les autres Hiſtoriens.

(*b*) APPIEN, cité par GROTIUS Liv. II. Chap. XXVIII. §. VII.

prépara à punir, par les armes, l'Etat qui avoit violé le Droit des Gens (*a*). Voilà le vrai modèle de la conduite, qu'un Souverain doit tenir en pareille occasion. Si l'injure, pour laquelle on veut user de répréfailles, ne regarde pas un Miniftre Public, il eft bien plus certain encore qu'on ne peut les exercer contre l'Ambaffadeur de la Puiffance dont on fe plaint. La fûreté des Miniftres Publics feroit bien incertaine, fi elle étoit dépendante de tous les différends, qui peuvent furvenir. Mais il eft un cas, où il paroît très-permis d'arrêter un Ambaffadeur, pourvû qu'on ne lui faffe fouffrir d'ailleurs aucun mauvais traitement : Quand un Prince, violant le Droit des Gens, a fait arréter notre Ambaffadeur, nous pouvons arrêter & retenir le fien, afin d'affûrer par ce gage, la vie & la liberté du nôtre. Si ce moyen ne réuffiffoit pas, il faudroit relâcher l'Ambaffadeur innocent, & fe faire juftice, par des voies plus efficaces. CHARLES

§. VII. Suivant DIODORE DE SICILE, SCIPION dit aux Romains : *N'imitez point ce que vous reprochez aux Carthaginois :* Σκιπίων, ὀυκ, ἔφη, δεῖν πράττειν, ἃ Τοῖς Καρχηδονίοις ἐγκαλοῦσι. DIOD. SICUL. Excerpt. Peiresc. p. 290.

(*a*) Tit. LIV. Lib. XXX. Cap. XXV. Cet Hiftorien fait dire à SCIPION : Quoique les Carthaginois aient violé la foi de la Trève & le Droit des Gens en la perfonne de nos Ambaffadeurs ; je ne ferai rien contre les leurs, qui foit indigne des Maximes du Peuple Romain & de mes principes.

LES-QUINT fit arrêter l'Ambaſſadeur de France, qui lui avoit déclaré la Guerre ; ſurquoi FRANçOIS I. fit arrêter auſſi GRANVELLE Ambaſſadeur de l'Empereur. On convint enſuite, que les Ambaſſadeurs ſeroient conduits ſur la frontière, & élargis en même-tems (a).

§. 103. Nous avons déduit l'indépendance & l'inviolabilité de l'Ambaſſadeur, des Principes naturels & néceſſaires du Droit des Gens. Ces prérogatives lui ſont confirmées par l'uſage & le conſentement général des Nations. On a vû ci-deſſus (§. 84.) que les Eſpagnols trouvèrent le Droit des Ambaſſades établi & reſpecté au Méxique. Il l'eſt même chez les Peuples ſauvages de l'Amérique ſeptentrionale. Paſſez à l'autre extrémité de la Terre ; vous verrez les Ambaſſadeurs très-reſpectés à la Chine. Ils le ſont aux Indes ; quoique moins religieuſement (b). Le Roi de Ceylan a quelquefois mis en priſon les Ambaſſadeurs de la Compagnie Hollandoiſe. Maître des lieux où croît la Canelle, il ſçait que les Hollandois lui paſſeront bien des choſes, en faveur d'un riche Commerce ; & il s'en prévaut en Barbare. L'Alcoran preſcrit aux Muſulmans de reſpecter le Miniſtre Public : Et ſi les Turcs n'ont pas toûjours obſervé ce précepte, il faut en accuſer la férocité de quelques Princes, plûtôt que les principes de la Nation. Les Droits

des

(a) ME'ZERAY Hiſtoire de France, Tom. II. p. 470.
(b) Hiſtoire générale des Voyages, Art. de la Chine & des Indes.

des Ambassadeurs étoient fort bien connus des Arabes. Un Auteur (a) de cette Nation rapporte le trait suivant : KHALED, Général Arabe, étant venu comme Ambassadeur à l'Armée de l'Empereur HE'RACLIUS, parloit insolemment au Général : Sur quoi celui-ci lui dit, que *la Loi reçuë chez toutes les Nations mettoit les Ambassadeurs à couvert de toute violence, & que c'étoit-là apparemment ce qui l'avoit enhardi à lui parler d'une manière si indécente* (b). Il seroit fort inutile d'accumuler ici les exemples, que pourroit fournir l'Histoire des Nations Européanes; ils sont innombrables, & les usages de l'Europe sont assez connus à cet égard. ST. LOUIS étant à Acre, donna un exemple remarquable de la sûreté, qui est dûe aux Ministres Publics. Un Ambassadeur du *Vieil de la Montagne*, ou Prince des *Assassins*, lui parlant avec insolence, les Grands-Maîtres du Temple & de l'Hospital dirent à ce Ministre, que *sans le respect de son Caractère, ils le feroient jetter à la mer* (c). Le Roi le renvoya, sans permettre qu'il lui fût fait aucun mal. Cependant le Prince des *Assassins* violant lui-même les Droits les plus sacrés des Nations, il sembleroit qu'on ne devoit aucune sûreté à son Ambassadeur, si l'on ne faisoit réflexion,

(a) ALVAKE'DI, Histoire de la Conquête de la Syrie.

(b) Histoire des Sarrasins, par OCKLEY, Tom. I. p. 294. de la Traduction Françoise.

(c) CHOISY, Histoire de St. Louis.

flexion, que cette sûreté étant fondée sur la nécessité de conserver aux Souverains des moyens
sûrs de se faire faire des propositions réciproques, & de traiter ensemble, en paix & en
Guerre, elle doit s'étendre jusqu'aux Envoyés des
Princes, qui, violant eux-mêmes le Droit des
Gens, ne mériteroient d'ailleurs aucun égard.

§. 104. Il est des Droits d'une autre nature,
qui ne sont point si nécessairement attachés au
Caractère de Ministre Public, mais que la Coûtume lui attribuë presque par-tout. L'un des
principaux est le libre exercice de sa Religion.
Il est, à la vérité, très-convenable que le Ministre, & sur-tout le Ministre résident, puisse exercer librement sa Religion dans son Hôtel,
pour lui & les gens de sa suite : Mais on ne
peut pas dire, que ce Droit soit, comme l'indépendance & l'inviolabilité, absolument nécessaire au juste succès de sa Commission ; particulièrement pour un Ministre non résident, le
seul que les Nations soient obligées d'admettre (§. 66.). Le Ministre fera, à cet égard, ce
qu'il voudra, dans le secret de sa Maison, où
personne n'est en droit de pénétrer. Mais si
le Souverain du pays où il réside, fondé sur de
bonnes raisons, ne vouloit pas lui permettre
d'exercer sa Religion d'une manière qui trans-
pirât dans le public ; on ne sçauroit condamner
ce Souverain, bien moins l'accuser de blesser le
Droit des Gens. Aujourd'hui ce libre exercice
n'est refusé aux Ambassadeurs dans aucun pays
civilisé :

civilifé : Un Privilège fondé en raifon, ne peut être refufé, quand il n'entraine point d'inconvénient.

§. 105. Parmi ces Droits non néceffaires au fuccès des Ambaffades, il en eft qui ne font pas fondés non - plus fur un Confentement auffi général des Nations, mais que l'ufage attribuë cependant au Caractère, en plufieurs pays. Telle eft l'exemption des Droits d'entrée & de fortie, pour les chofes, qu'un Miniftre Etranger fait venir dans le pays, ou qu'il envoie déhors. Il n'y a nulle néceffité qu'il foit diftingué à cet égard ; puifqu'en payant ces Droits, il n'en fera pas moins en état de remplir fes fonctions. Si le Souverain veut bien l'en exempter, c'eft une civilité, à laquelle le Miniftre ne pouvoit prétendre de droit, non-plus qu'à fouftraire fes bagages, ou les caiffes qu'il fait venir de déhors, à la vifite des Commis de la Douane ; cette vifite étant néceffairement liée avec le droit de lever un impôt fur les marchandifes qui entrent dans le pays. THOMAS CHALONER Ambaffadeur d'Angleterre en Efpagne, fe plaignit amèrement à la Reine Elifabeth fa Maîtreffe, de ce que les Commis de la Douane avoient ouvert fes coffres, pour les vifiter. Mais la Reine lui répondit, *que l'Ambaffadeur étoit obligé de diffimuler tout ce qui n'offenfoit pas directement la Dignité de fon Souverain (a).*

Partie II.　　　　　　B b　　　　　　L'in-

(a) WICQUEFORT, Ambaff. Liv. I. Sect. XXVIII. vers la fin.

L'indépendance de l'Ambaſſadeur l'exempte, à la vérité, de toute impoſition perſonnelle, Capitation, ou autre redevance de cette nature, & en général il eſt à couvert de tout impôt rélatif à la qualité de ſujet de l'Etat. Mais pour ce qui eſt des droits impoſés ſur quelque eſpèce de marchandiſes, ou de denrées, l'indépendance la plus abſoluë n'exempte pas de les payer; les Souverains Etrangers eux - mêmes y ſont ſoumis. On ſuit cette règle en Hollande; les Ambaſſadeurs y ſont exempts des droits qui ſe lèvent ſur la conſommation ; ſans - doute parceque ces droits ont un rapport plus direct à la perſonne: Mais ils payent les droits d'entrée & de ſortie.

A quelque point que s'étende leur exemption, il eſt bien manifeſte qu'elle ne regarde que les choſes véritablement à leur uſage. S'ils en abuſent, pour en faire un honteux trafic, en prêtant leur nom à des Marchands, le Souverain eſt inconteſtablement en droit de redreſſer & de prévenir la fraude, même par la ſuppreſſion du Privilège. C'eſt ce qui eſt arrivé en divers endroits: La ſordide avarice de quelques Miniſtres, qui trafiquoient de leurs exemptions, a obligé le Souverain à les leur ôter. Aujourd'hui les Miniſtres Etrangers à Pétersbourg ſont ſoumis aux Droits d'entrée; mais l'Impératrice a la généroſité de les dédommager de la perte d'un Privilège, qui ne leur étoit pas dû , & que les abus l'ont obligée d'abolir.

§. 106. Mais on demande à ce ſujet, ſi une
Nation

Nation peut abolir ce qui se trouve établi par l'usage, à l'égard des Ministres Etrangers? Voyons donc quelle obligation la Coûtume, l'usage reçû, peut imposer aux Nations, non-seulement en ce qui regarde les Ministres, mais aussi en général sur tout autre sujet. Tous les usages, toutes les Coûtumes des autres Nations ne peuvent obliger un Etat indépendant, sinon en tant qu'il y a donné son consentement, exprès ou tacite. Mais dès qu'une Coûtume indifférente en soi, est une fois bien établie & reçûe, elle oblige les Nations qui l'ont tacitement ou expressément adoptée. Cependant, si quelqu'une y découvre dans la suite des inconvéniens, elle est libre de déclarer qu'elle ne veut plus s'y soumettre : Et sa déclaration une fois donnée bien clairement, personne n'est en droit de se plaindre, si elle n'a aucun égard à la Coûtume. Mais une pareille déclaration doit se faire d'avance, & lorsquelle n'intéresse personne en particulier; il est trop tard d'y venir lorsque le cas existe. C'est une maxime généralement reçûe, que l'on ne change pas une Loi dans le cas actuellement existant. Ainsi, dans le sujet particulier dont nous traitons, un Souverain, en s'expliquant d'avance & ne recevant l'Ambassadeur que sur ce pied-là, peut se dispenser de le laisser jouir de tous les Privilèges, ou de lui déférer tous les honneurs, que la Coûtume attribuoit auparavant à son Caractère; pourvû que ces Privilèges & ces honneurs ne soient point essentiels

à

à l'Ambaſſade, & néceſſaires à ſon légitime ſuccès. Refuſer des Privilèges de cette dernière
eſpèce, ce ſeroit autant que refuſer l'Ambaſſade même; ce qu'un Etat ne peut faire généralement & toûjours (§. 65.), mais ſeulement
lorſqu'il en a quelque bonne raiſon. Retran-
cher des honneurs conſacrés & devenus en quel-
façon eſſentiels, c'eſt marquer du mépris & faire une injure.

Il faut obſerver encore ſur cette matière, que
quand un Souverain veut ſe diſpenſer de ſuivre
deſormais une Coûtume établie, la règle doit
être générale. Refuſer certains honneurs, ou
certains Privilèges d'uſage à l'Ambaſſadeur d'une
Nation, dans le tems que l'on continuë à en
laiſſer jouïr ceux des autres, c'eſt faire affront
à cette Nation, lui témoigner du mépris, ou
au moins de la mauvaiſe volonté.

§. 107. Quelquefois les Princes s'envoient les
uns aux autres des Miniſtres ſecrets, dont le
Caractère n'eſt point public. Si un pareil Miniſtre eſt inſulté par quelqu'un qui ne connoît
pas ſon Caractère, le Droit des Gens n'eſt point
violé. Mais le Prince qui reçoit ce Miniſtre,
& qui le connoit pour Miniſtre Public, eſt
lié des mêmes obligations envers lui; il doit le
protéger, & le faire jouïr, autant qu'il eſt en
ſon pouvoir, de toute la ſûreté & de l'indépendance, que le Droit des Gens attribuë au Caractère. L'action de FRANÇOIS SFORCE
Duc de Milan, qui fit mourir MARAVIGLIA

(ou

(ou MERVEILLE) Miniſtre ſecret de FRAN-
ÇOIS I. eſt inéxcuſable. Sforce avoit ſouvent
traité avec cet Agent ſecret, il l'avoit reconnu
pour le Miniſtre du Roi de France (*a*).

§. 108. Nous ne pouvons mieux placer qu'ici
une Queſtion intéreſſante du Droit des Gens,
qui a beaucoup de rapport au Droit des Ambaſſades. On demande quels ſont les Droits
d'un Souverain, qui ſe trouve en pays étanger,
& de quelle façon le Maître du pays doit en uſer
à ſon égard? Si ce Prince eſt venu pour négocier, pour traiter de quelque affaire publique; il
doit joüir ſans contredit, & dans un dégré plus
éminent encore, de tous les Droits des Ambaſſadeurs. S'il eſt venu en Voyageur; ſa Dignité
ſeule, & ce qui eſt dû à la Nation qu'il repré-
ſente & qu'il gouverne, le met à couvert de
toute inſulte, lui aſſûre des reſpects & toute ſorte d'égards, & l'exempte de toute Juriſdiction.
Il ne peut être traité comme ſujet aux Loix com-
munes, dès qu'il ſe fera connoître; car on ne
préſume pas qu'il ait conſenti à s'y ſoumettre,
& ſi on ne veut pas le ſouffrir ſur ce pied là, il
faut l'avertir de ſe retirer. Mais ſi ce Prince
étranger forme quelque entrepriſe contre la
ſûreté & le ſalut de l'Etat; en un mot, s'il agit
en Ennemi; il peut très-juſtement être traité
comme tel. Hors ce cas-là, on lui doit toute

B b 3 ſûreté;

(*a*) Voyez les Mémoires de MARTIN DU-BELLAY
Liv. IV. & l'Hiſtoire de France du P. DANIEL,
Tom. V. p. 300. & ſuiv.

fûreté ; puisqu'elle eſt dûe même à un particulier étranger.

Une idée ridicule a gagné l'eſprit de gens même qui ne ſe croient pas peuple : Ils penſent qu'un Souverain, qui entre dans un pays étranger, ſans permiſſion, peut y être arrêté (a). Et ſur quelle raiſon pourroit-on fonder une pareille violence ? Cette abſurdité ſe réfute d'elle-même. Il eſt vrai que le Souverain étranger doit avertir de ſa venuë, s'il déſire qu'on lui rende ce qui lui eſt dû. Il eſt vrai de même qu'il ſera prudent à lui de demander des Paſſeports, pour ôter à la mauvaiſe volonté tout prétexte, & toute eſpérance de couvrir l'injuſtice & la violence ſous quelques raiſons ſpécieuſes. Je conviens encore, que la préſence d'un Souverain étranger pouvant tirer à conſéquence, dans certaines

(a) On eſt ſurpris de voir un grave Hiſtorien donner dans cette penſée : Voyez GRAMOND, Hiſt. Gall. Lib. XIII. Le Cardinal de RICHELIEU allégua auſſi cette mauvaiſe raiſon, quand il fit arrêter l'Electeur Palatin CHARLES-LOUIS, qui avoit entrepris de traverſer la France *incognitò* : Il dit, *qu'il n'étoit permis à aucun Prince étranger de paſſer par le Royaume ſans Paſſeport.* Mais il ajoûta de meilleures raiſons, priſes des deſſeins du Prince Palatin ſur Briſac, & ſur les autres Places, laiſſées par le Duc BERNARD de Saxe-Weymar, & & auxquelles la France prétendoit avoir plus de droit que perſonne, parceque ces Conquêtes avoient été faites avec ſon argent. Voyez l'Hiſtoire du Traité de Weſtphalie par le P. BOUGEANT Tom. II. in 12, p. 88.

taines occasions; pour peu que les tems soient soupçonneux & son voyage suspect, le Prince ne doit pas l'entreprendre sans avoir l'agrément de celui, chez qui il veut aller. PIERRE le Grand, voulant aller lui-même chercher dans les pays étrangers les Arts & les Sciences, pour en enrichir son Empire, se mit à la suite de ses Ambassadeurs.

Le Prince étranger conserve sans-doute tous ses Droits sur son Etat & ses sujets, & il peut les exercer, en tout ce qui n'intéresse point la Souveraineté du Territoire dans lequel il se trouve. C'est pourquoi il paroît que l'on fut trop ombrageux en France, lorsqu'on ne voulut pas souffrir que l'Empereur SIGISMOND, étant à Lyon, y créât Duc le Comte de Savoye, Vassal de l'Empire (*). On n'eût pas été si difficile à l'égard d'un autre Prince; mais on étoit en garde jusqu'au scrupule contre les vieilles prétentions des Empereurs. Au contraire, ce fut avec beaucoup de raison, que l'on trouva mauvais, dans le même Royaume, que la Reine CHRISTINE y eût fait exécuter, dans son Hôtel, un de ses Domestiques; car une exécution de cette nature est un acte de Jurisdiction Territoriale. Et d'ailleurs Christine avoit abdiqué la Couronne: Toutes ses réserves, sa naissance, sa Dignité, pouvoient bien lui assûrer de grands honneurs, & tout au plus une entière indépendance; mais non pas tous les droits d'un Souverain actuel. Le fameux exemple de MARIE Reine d'Ecosse, que l'on voit

Bb 4 si

* Voyez le Dr. d. G. Liv. II. §. 40.

ſi ſouvent allégué en cette matière, n'y vient pas fort à propos. Cette Princeſſe ne poſſedoit plus la Couronne, quand elle vint en Angleterre, & qu'elle y fut arrêtée, jugée & condamnée.

§. 109. Les Députés aux Aſſemblées des Etats d'un Royaume, ou d'une République, ne ſont point des Miniſtres Publics, comme ceux dont nous venons de parler, n'étant pas envoyés aux Etrangers : Mais ils ſont Perſonnes publiques ; & en cette qualité, ils ont des Privilèges, que nous devons établir en peu de mots, avant que de quitter cette matière. Les Etats qui ont droit de s'aſſembler par Députés, pour délibérer ſur les Affaires publiques, ſont fondés, par cela même, à exiger une entière ſûreté pour leurs Repréſentans, & toutes les exemptions néceſſaires à la liberté de leurs fonctions. Si la perſonne des Députés n'eſt pas inviolable, ceux qui les déléguent ne pourront s'aſſûrer de leur fidélité à maintenir les Droits de la Nation, à défendre courageuſement le Bien public : Et comment ces Répréſentans pourront-ils s'acquitter dignement de leurs fonctions, s'il eſt permis de les inquiéter, en les traînant en Juſtice, ſoit pour dettes, ſoit pour délits communs? Il y a ici, de la Nation au Souverain, les mêmes raiſons, qui établiſſent, d'Etat à Etat, les Immunités des Ambaſſadeurs. Diſons donc, que les Droits de la Nation & la Foi publique mettent ces Députés à couvert de toute violence, & même de toute pourſuite judiciaire, pendant le tems de leur Miniſtère. C'eſt
auſſi

aussi ce qui s'observe en tout pays, & particulièrement aux Diettes de l'Empire, aux Parlements d'Angleterre, & aux *Cortes* d'Espagne. HENRI III. Roi de France, fit tuer aux Etats de Blois, le Duc & le Cardinal de GUISE. La sûreté des Etats fut sans-doute violée, par cette action. Mais ces Princes étoient des factieux & des rebelles, qui portoient leurs vuës audacieuses jusqu'à dépouiller leur Souverain de sa Couronne: Et s'il étoit également certain que Henri ne fût plus en état de les faire arrêter & punir suivant les Loix; la nécessité d'une juste défense faisoit le droit du Roi & son apologie. C'est le malheur des Princes foibles & malhabiles, qu'ils se laissent réduire à des extrémités, d'où ils ne peuvent sortir sans violer toutes les règles. On dit que le Pape SIXTE V. apprenant la mort du Duc de Guise, loua cet acte de vigueur, comme un coup d'Etat nécessaire. Mais il entra en fureur, quand on lui dit que le Cardinal avoit été aussi tué (*a*). C'étoit pousser bien loin d'orgueilleuses prétentions. Le Pontife convenoit que la nécessité pressante avoit autorisé Henri à violer la sûreté des Etats & toutes les formes de la Justice; prétendoit-il que ce Prince mît au hazard sa Couronne & sa vie, plûtôt que de manquer de respect pour la Pourpre Romaine?

B b 5   CHA-

(*a*) Voyez les Historiens de France.

CHAPITRE VIII.
Du Juge de l'Ambassadeur, en matière Civile.

§. 110.

QUELQUES Auteurs veulent soumettre l'Ambassadeur, pour Affaires Civiles, à la Jurisdiction du pays où il réside ; au moins pour les Affaires qui ont pris naissance pendant le tems de l'Ambassade ; & ils alléguent, pour soutenir leur sentiment, que cette sujettion ne fait aucun tort au Caractère: *Quelque sacré, disent-ils, que soit une personne, on ne donne aucune atteinte à son inviolabilité en l'appellant en Justice pour Cause Civile.* Mais ce n'est pas parceque leur personne est *sacrée*, que les Ambassadeurs ne peuvent être appellés en Justice; c'est par la raison qu'ils ne relèvent point de la Jurisdiction du pays où ils sont envoyés: Et l'on peut voir ci-dessus (§. 92.) les raisons solides de cette indépendance. Ajoûtons ici, qu'il est tout-à-fait convenable, & même nécessaire, qu'un Ambassadeur ne puisse être appellé en Justice, même pour Cause Civile ; afin qu'il ne soit point troublé dans l'exercice de ses fonctions. Par une raison semblable, il étoit défendu chez les Romains, d'appeller en Justice un Pontife, pendant qu'il vacquoit à ses fonctions sacrées (a);

mais

___

(a) *Nec Pontificem* (in jus vocari oportet) *dum sacra facit.* DIGEST. Lib. II. Tit. IV. *de in jus vocando*, Leg. II.

mais on pouvoit l'y appeller en d'autres tems. La raison sur laquelle nous nous fondons, est alléguée dans le Droit Romain : *Ideo enim non datur actio* (adversus Legatum) *ne ab officio suscepto Legationis avocetur* (a); *Ne impediatur Legatio* (b). Mais il y avoit une exception au sujet des affaires contractées pendant l'Ambassade. Cela étoit raisonnable, à l'égard de ces *Legati*, ou Ministres, dont parle ici le Droit Romain, lesquels n'étant envoyés que par des Peuples soumis à l'Empire, ne pouvoient prétendre à l'indépendance, dont jouit un Ministre Etranger. Le Législateur pouvoit ordonner ce qui lui paroissoit le plus convenable, à l'égard des sujets de l'Etat : Mais il n'est pas de même au pouvoir d'un Souverain, de soumettre à sa Jurisdiction le Ministre d'un autre Souverain. Et quand il le pourroit, par Convention, ou autrement ; cela ne seroit point à propos. L'Ambassadeur pourroit être souvent troublé dans son Ministère, sous ce prétexte, & l'Etat entraîné dans de fâcheuses querelles, pour le mince intérêt de quelques particuliers, qui pouvoient & qui devoient prendre mieux leurs sûretés. C'est donc très-convenablement aux Devoirs des Nations, & conformément aux grands Principes du Droit des Gens, que, par l'usage & le consentement de tous les peuples, l'Ambassadeur, ou Ministre

(a) DIGEST. Lib. V. Tit. I. *De Justiciis &c.* Leg. XXIV. §. 2.

(b) *Ibid.* Leg. XXVI.

ftre Public, eft aujourd'hui abfolument indépendant de toute Jurisdiction, dans l'Etat où il réfide, tant pour le Civil, que pour le Criminel. Je fçai qu'on a vû quelques exemples du contraire. Mais un petit nombre de faits n'établit pas la Coûtume; au contraire, ceux-ci la confirment telle que nous la difons, par l'improbation qu'ils ont reçûe. L'an 1668. on vit à la Haye un Réfident de Portugal arrêté & mis en prifon pour dettes, par ordre de la Cour de Juftice. Mais un illuftre Membre (a) de cette même Cour juge avec raifon, que cette procédure étoit illégitime & contraire au Droit des Gens. En l'année 1657. un Réfident de l'Electeur de Brandebourg fut arrêté auffi pour dettes, en Angleterre. Mais on le relâcha, comme n'ayant pû être arrêté légitimement; & même les Créanciers & les Officiers de Juftice, qui lui avoient fait cette infulte, furent punis (b).

§. III. Mais fi l'Ambaffadeur veut renoncer en partie à fon indépendance, & fe foumettre à la Jurisdiction du pays pour affaires Civiles; il peut le faire, fans-doute, pourvû que ce foit avec le confentement de fon Maître. Sans ce confentement, l'Ambaffadeur n'eft pas en droit de renoncer à des Privilèges, qui intéreffent la Dignité & le fervice de fon Souverain, qui font fondés fur les Droits du Maître, faits pour fon

avan-

(a) M. DE BYNKERSHOEK, Traité du Juge compétent des Ambaffadeurs, Chap. XIII. §. 1.
(b) *Ibid.*

avantage, & non pour celui du Miniſtre. Il
eſt vrai que, ſans attendre la permiſſion du Maître, l'Ambaſſadeur reconnoît la Jurisdiction du
pays, lorſqu'il devient Acteur en Juſtice. Mais
cela eſt inévitable ; & d'ailleurs il n'y a pas
d'inconvénient, en matière Civile & d'intérêt ;
parceque l'Ambaſſadeur eſt toûjours le maître
de ne point ſe rendre Acteur, & qu'il peut,
au beſoin, charger un Procureur ou un Avocat,
de pourſuivre ſa Cauſe.

Ajoûtons ici en paſſant, qu'il ne doit jamais
ſe rendre Acteur en Juſtice, pour Cauſe Cri-
minelle : S'il a été inſulté, il porte ſes plaintes
au Souverain, & la Partie Publique doit pourſuivre le coupable.

§. 112. Il peut arriver que le Miniſtre d'une
Puiſſance étrangère ſoit en même-tems ſujet de
l'Etat où il eſt accrédité ; & en ce cas, par ſa
qualité de ſujet, il demeure inconteſtablement
ſoumis à la Jurisdiction du pays, dans tout ce
qui n'appartient pas directement à ſon Miniſtère. Mais il eſt queſtion de connoître en quels
cas ces deux qualités de ſujet & de Miniſtre
Etranger ſe trouvent réunies dans la même perſonne. Il ne ſuffit pas pour cela, que le Miniſtre ſoit né ſujet de l'Etat où il eſt envoyé ;
car à moins que les Loix ne défendent expreſſément à tout Citoyen de quitter ſa Patrie, il
peut avoir renoncé légitimement à ſon pays,
pour ſe donner à un nouveau Maître ; il peut
encore, ſans renoncer pour toûjours à ſa Patrie,

en

en devenir indépendant, pour tout le tems qu'il fera au service d'un Prince étranger; & la préfomption est certainement pour cette indépendance. Car l'état & les fonctions du Ministre Public exigent naturellement qu'il ne dépende que de son Maître (§. 92.), du Prince dont il fait les affaires. Lors donc que rien ne décide ni n'indique le contraire, le Ministre Etranger, quoique auparavant sujet de l'Etat, en est réputé absolument indépendant, pendant tout le tems de sa Commission. Si son prémier Souverain ne veut pas lui accorder cette indépendance dans son pays, il peut refuser de l'admettre en qualité de Ministre Etranger, comme cela se pratique en France, où, suivant M. de CALLIE'RES (a), le Roi *ne reçoit plus de ses sujets en qualité de Ministres des autres Princes.*

Mais un sujet de l'Etat peut demeurer sujet, tout en acceptant la Commission d'un Prince étranger. Sa sujettion est expressément établie, quand le Souverain ne le reconnoît en qualité de Ministre, que sous la réserve qu'il demeurera sujet de l'Etat. Les Etats - Généraux des Provinces - Unies, par une Ordonnance du 19. de Juin 1681. déclarent, ,, qu'aucun sujet de ,, l'Etat n'est reçû comme Ambassadeur ou Mi- ,, nistre d'une autre Puissance, qu'à condition, ,, qu'il ne dépouillera point sa qualité de sujet; ,, même à l'égard de la Jurisdiction, tant pour ,, les

(a) Manière de négocier avec les Souverains, Chap. VI.

» les affaires civiles, que pour les criminelles:
» & que si quelqu'un en se faisant reconnoître
» pour Ambassadeur ou Ministre, n'a point fait
» mention de sa qualité de sujet de l'Etat, il
» ne jouïra point des droits ou privilèges, qui
» ne conviennent qu'aux Ministres des Puissan-
» ces Etrangères (a). »

Ce Ministre peut encore garder *tacitement* sa première sujettion; & alors, on connoît qu'il demeure sujet, par une conséquence naturelle, qui se tire de ses actions, de son état & de toute sa conduite. C'est ainsi que, indépendamment même de la Déclaration dont nous venons de parler, ces Marchands Hollandois, qui se procurent des titres de Résidents de quelques Princes étrangers, & continuent cependant leur Commerce, indiquent assez par cela même, qu'ils demeurent sujets. Quels que puissent être les inconvéniens de la sujettion d'un Ministre au Souverain, auprès duquel il est employé; si le Prince étranger veut s'en contenter, & avoir un Ministre sur ce pied-là; c'est son affaire; il ne pourra se plaindre, quand son Ministre sera traité comme sujet.

Il peut arriver encore qu'un Ministre Etranger se rende sujet de la Puissance à laquelle il est envoyé, en recevant d'elle un Emploi; & en ce cas, il ne peut prétendre à l'indépendance, que dans les choses seulement qui appartiennent directement à son Ministère. Le Prince

qui

(a) BYNKERSHOEK, *ubi suprà*, Chap. XI. à la fin.

qui l'envoie, lui permettant cet assujettissement volontaire, veut bien s'exposer aux inconvéniens. Ainsi on a vû dans le siecle dernier, le Baron de CHARNACE' & le Comte d'ESTRADES, Ambassadeurs de France après des Etats - Généraux, & en même-tems Officiers dans les Troupes de Leurs Hautes Puissances.

§. 113. L'indépendance du Ministre Public est donc la vraie raison qui le rend exempt de toute Jurisdiction du pays où il réside. On ne peut lui addresser directement aucun exploit juridique; parce qu'il ne relève point de l'Autorité du Prince ou des Magistrats. Mais cette exemption de la personne s'étend - elle indistinctement à tous ses biens? Pour résoudre cette question, il faut voir ce qui peut assujettir les biens à la Jurisdiction d'un pays, & ce qui peut les en exempter? En général, tout ce qui se trouve dans l'étenduë d'un pays, est soumis à l'Autorité du Souverain & à sa Jurisdiction * : S'il s'élève quelque contestation au sujet d'effets, de Marchandises, qui se trouvent dans le pays, ou qui y passent; c'est au Juge du lieu qu'en appartient la décision. En vertu de cette dépendance, on a établi en bien des pays, le moyen des *Arrêts*, ou *Saisies*, pour obliger un Etranger à venir dans le lieu où se fait l'Arrêt, répondre à quelque demande qu'on a à lui faire, quoi qu'elle n'ait pas pour objet direct les effets saisis. Mais, comme nous l'avons fait voir,

le

* Dr. d. G. Liv. I. §. 205. & Liv. II. §§. 83. 84.

le Ministre Etranger est indépendant de la Jurisdiction du pays ; & son indépendance person-
nelle, quant au Civil, lui seroit assez inutile,
si elle ne s'étendoit à tout ce qui lui est nécessaire pour vivre avec dignité & pour vacquer
tranquillement à ses fonctions. D'ailleurs, tout
ce qu'il a amené, ou acquis pour son usage, comme Ministre, est tellement attaché à sa personne, qu'il en doit suivre le sort. Le Ministre venant comme indépendant, il n'a pû entendre
soumettre à la Jurisdiction du pays son train,
ses bagages, tout ce qui sert à sa personne.
Toutes les choses donc qui appartiennent directement à la personne du Ministre, en sa qualité
de Ministre Public, tout ce qui est à son usage,
tout ce qui sert à son entretien & à celui de sa
Maison; tout cela, dis-je, participe à l'indépendance du Ministre, & est absolument exempt
de toute Jurisdiction dans le pays. Ces choses-
là sont considérées comme étant hors du Territoire, avec la personne à qui elles appartiennent.

§. 114. Mais il n'en peut être de même des
effets qui appartiennent manifestement au Ministre, sous une autre rélation que celle de Ministre. Ce qui n'a aucun rapport à ses fonctions
& à son Caractère, ne peut participer aux Pri-
vileges, que ses fonctions & son Caractère lui
donnent. S'il arrive donc, comme on l'a vû
souvent, qu'un Ministre fasse quelque trafic;
tous les effets, marchandises, argent, dettes
actives & passives appartenans à son Commerce,

toutes les contestations même & les Procès qui en résultent; tout cela est soumis à la Jurisdiction du pays. Et bien que, pour ces Procès, on ne puisse s'addresser directement à la personne du Ministre, à cause de son indépendance; on l'oblige indirectement à répondre, par la saisie des effets qui appartiennent à son Commerce. Les abus qui naîtroient d'un usage contraire sont manifestes. Que seroit - ce qu'un Marchand, privilégié pour commettre impunément dans un pays étranger toutes sortes d'injustices? Il n'y a aucune raison d'étendre l'exemption du Ministre jusqu'à des choses de cette nature. Si le Maître craint quelque inconvénient de la dépendance indirecte, où son Ministre se trouvera de cette manière; il n'a qu'à lui défendre un négoce, lequel aussi - bien sied assez - mal à la dignité du Caractère.

Ajoûtons deux éclaircissemens à ce qui vient d'être dit : 1º. Dans le doute, le respect dû au Caractère exige que l'on explique toûjours les choses à l'avantage de ce même Caractère. Je veux dire, que quand il y a lieu de douter si une chose est véritablement destinée à l'usage du Ministre & de sa Maison, ou si elle appartient à son Commerce, il faut juger à l'avantage du Ministre; autrement on s'exposeroit à violer ses Privilèges. 2º. Quand je dis que l'on peut saisir les effets du Ministre qui n'ont aucun rapport à son Caractère, ceux de son Commerce en particulier; cela doit s'entendre dans la supposition que

que ce ne foit point pour quelque fujet prove-
nant des affaires que peut avoir le Miniftre,
dans fa qualité de Miniftre, pour fournitures
faites à fa Maifon, par exemple, pour loyer de
fon Hôtel &c.   Car les affaires que l'on a avec
lui fous cette rélation, ne peuvent être jugées
dans le pays, ni par conféquent être foumifes à
la Jurisdiction, par la voie indirecte des Arrêts.

§. 115. Tous les Fonds de terre, tous les
Biens immeubles relèvent de la Jurisdiction du
pays*, quel qu'en foit le propriétaire. Pourroit-on les en fouftraire par cela feul, que le
Maître fera envoyé en qualité d'Ambaffadeur,
par une Puiffance étrangère? Il n'y auroit aucune raifon à cela.   L'Ambaffadeur ne poffède
pas ces Biens-là comme Ambaffadeur; ils ne
font pas attachés à fa perfonne, de manière qu'ils
puiffent être réputés hors du Territoire avec
elle.   Si le Prince étranger craint les fuites de
cette dépendance, où fe trouvera fon Miniftre,
par rapport à quelques-uns de fes Biens; il
peut en choifir un autre.   Difons donc que les
Biens immeubles, poffédés par un Miniftre
étranger, ne changent point de nature par la
qualité du Propriétaire, & qu'ils demeurent
fous la Jurisdiction de l'Etat où ils font fitués.
Toute difficulté, tout Procès qui les concerne,
doit être porté devant les Tribunaux du pays,
& les mêmes Tribunaux en peuvent ordonner
la faifie, fur un titre légitime.   Au refte, on

Cc 2

com-

* Dr. d. G. Lib. I. §. 205. & Liv. II. §§. 83. 84.

comprendra aifément que fi l'Ambaffadeur loge dans une Maifon qui lui appartient en propre, cette Maifon eft exceptée de la règle, comme fervant actuellement à fon ufage; exceptée, dis-je, dans tout ce qui peut intéreffer l'ufage qu'en fait actuellement l'Ambaffadeur.

On peut voir dans le Traité de M. de BYN-KERSHOEK (a), que la Coûtume eft conforme aux Principes établis ici & dans le paragraphe précédent. Lorfqu'on veut intenter action à un Ambaffadeur, dans les deux cas dont nous venons de parler, c'eft-à-dire, au fujet de quelque Immeuble fitué dans le pays, ou d'effets mobiliaires, qui n'ont aucun rapport à l'Ambaffade ; on doit faire citer l'Ambaffadeur, comme on cite les abfents, puifqu'il eft cenfé hors du Territoire, & que fon indépendance ne permet point qu'on s'addreffe à fa perfonne, par une voie qui porte le caractère de l'Autorité, comme feroit le miniftère d'un Huiffier.

§. 116. Quel eft donc le moyen d'avoir raifon d'un Ambaffadeur, qui fe refufe à la Juftice, dans les affaires que l'on peut avoir avec lui? Plufieurs difent qu'il faut l'attaquer devant le Tribunal dont il étoit reffortiffant avant fon Ambaffade. Cela ne me paroît pas exact. Si la néceffité & l'importance de fes fonctions le mettent au-deffus de toute pourfuite, dans le pays étranger où il réfide, fera-t-il permis

de

(a) Du Juge compétent des Ambaffadeurs. Chap. XVI. §. VI.

de le troubler, en l'appellant devant les Tribunaux de fon Domicile ordinaire ? Le bien du fervice public s'y oppofe. Il faut que le Miniftre dépende uniquement du Souverain, auquel il appartient d'une façon toute particulière. C'eft un Inftrument dans la main du Conducteur de la Nation, dont rien ne doit détourner ou empêcher le fervice. Il ne feroit pas jufte non plus, que l'abfence d'un homme chargé des Intérêts du Souverain & de la Nation, lui devînt préjudiciable dans fes affaires particulières. Partout, ceux qui font abfents pour le fervice de l'Etat, ont des Privilèges, qui les mettent à couvert des inconvéniens de l'abfence. Mais il faut prévenir, autant qu'il eft poffible, que ces Privilèges des Miniftres de l'Etat ne foient trop onéreux aux particuliers, qui ont des affaires avec eux. Quel eft donc le moyen de concilier ces intérêts divers, le fervice de l'Etat & le foin de la Juftice ? Tous particuliers, Citoyens ou Etrangers, qui ont des prétentions à la charge d'un Miniftre, s'ils ne peuvent obtenir fatisfaction de lui-même, doivent s'addreffer au Maître, lequel eft obligé de rendre juftice, de la manière la plus compatible avec le fervice public. C'eft au Prince de voir s'il convient de rappeller fon Miniftre, ou de marquer le Tribunal devant lequel on pourra l'appeller, d'ordonner des délais &c. En un mot, le bien de l'Etat ne fouffre point que qui que ce foit puiffe troubler le Miniftre dans fes fonctions, ou l'en

diftraire,

diſtraire, ſans la permiſſion du Souverain; & le Souverain, obligé de rendre la Juſtice à tout le monde, ne doit point autoriſer ſon Miniſtre à la refuſer, ou à fatiguer ſes adverſaires par d'injuſtes délais.

****

CHAPITRE IX.
De la Maiſon de l'Ambaſſadeur, de ſon Hôtel & des Gens de ſa ſuite.

§. 117.

L'INDE'PENDANCE de l'Ambaſſadeur ſeroit fort imparfaite & ſa ſûreté mal établie, ſi la Maiſon où il loge ne jouiſſoit d'une entière franchiſe, & ſi elle n'étoit pas inacceſſible aux Miniſtres ordinaires de la Juſtice. L'Ambaſſadeur pourroit être troublé ſous mille prétextes, ſon ſecret découvert par la viſite de ſes papiers, & ſa perſonne expoſée à des avanies. Toutes les raiſons qui établiſſent ſon indépendance & ſon inviolabilité, concourrent donc auſſi à aſſûrer la franchiſe de ſon Hôtel. Ce droit du Caractère eſt généralement reconnu chez les Nations policées: On conſidère, au moins dans tous les cas ordinaires de la vie, l'Hôtel d'un Ambaſſadeur comme étant hors du Territoire, auſſi bien que ſa perſonne. On en a vû, il y a peu d'années, un exemple remarquable à Petersbourg. Trente ſoldats, aux ordres d'un Officier, entrèrent le 3. d'Avril 1752. dans l'Hôtel

du

du Baron de GREIFFENHEIM Miniftre de Suéde, & enlevèrent deux de fes Domeftiques, qu'ils conduifirent en prifon, fous prétexte que ces deux hommes avoient vendu clandeftinement des boiffons, que la Ferme Impériale a feule le Privilège de débiter. La Cour indignée d'une pareille action, fit arrêter auffi - tôt les auteurs de cette violence, & l'Impératrice ordonna de donner fatisfaction au Miniftre offenfé. Elle lui fit remettre, & aux autres Miniftres des Puiffances Etrangères, une Déclaration, dans laquelle cette Souveraine témoignoit fon indignation & fon déplaifir de ce qui s'étoit paffé, & faifoit part des Ordres qu'elle avoit donnès au Sénat, de faire le procès au Chef du Bureau établi pour empêcher la vente clandeftine des liqueurs, qui étoit le principal coupable.

La Maifon d'un Ambaffadeur doit être à couvert de toute infulte, fous la protection particulière des Loix & du Droit des Gens: L'infulter, c'eft fe rendre coupable envers l'Etat & envers toutes les Nations.

§. 118. Mais l'immunité, la franchife de l'Hôtel n'eft établie qu'en faveur du Miniftre & de fes gens, comme on le voit évidemment, par les raifons mêmes fur lesquelles elle eft fondée. Pourra- t- il s'en prévaloir, pour faire de fa Maifon un Afyle, dans lequel il retirera les ennemis du Prince & de l'Etat, les malfaiteurs de toute efpèce, & les fouftraire aux peines qu'ils auront méritées? Une pareille conduite feroit contraire

à tous

à tous les devoirs d'un Ambaſſadeur, à l'eſprit qui doit l'animer, aux vuës légitimes qui l'ont fait admettre; perſonne n'oſera le nier: Mais nous allons plus loin, & nous poſons comme une vérité certaine, qu'un Souverain n'eſt point obligé de ſouffrir un abus ſi pernicieux à ſon Etat, ſi préjudiciable à la Société. A la vérité, quand il s'agit de certains délits communs, de gens ſouvent plus malheureux que coupables, ou dont la punition n'eſt pas fort importante au repos de la Société; l'Hôtel d'un Ambaſſadeur peut bien leur ſervir d'Aſyle, & il vaut mieux laiſſer échapper des coupables de cette eſpèce, que d'expoſer le Miniſtre à ſe voir ſouvent troublé, ſous prétexte de la recherche qu'on en pourroit faire, & que de compromettre l'Etat dans les inconvéniens qui en pourroient naître. Et comme l'Hôtel d'un Ambaſſadeur eſt indépendant de la Jurisdiction ordinaire; il n'appartient en aucun cas aux Magiſtrats, Juges de Police, ou autres ſubalternes, d'y entrer de leur autorité, ou d'y envoyer leurs gens, ſi ce n'eſt dans des occaſions de néceſſité preſſante, où le bien public ſeroit en danger, & ne permettroit point de délai. Tout ce qui touche une matière ſi élevée & ſi delicate, tout ce qui intéreſſe les Droits & la Gloire d'une Puiſſance Etrangère, tout ce qui pourroit commettre l'Etat avec cette Puiſſance, doit être porté immédiatement au Souverain, & règlé par lui-même, ou, ſous ſes ordres, par ſon Conſeil d'Etat. C'eſt donc au Souverain de décider, dans l'occaſion,

jus-

jusqu'à quel point on doit respecter le Droit d'Asyle, qu'un Ambassadeur attribuë à son Hôtel: Et s'il s'agit d'un coupable, dont la détention, ou le châtiment soit d'une grande importance à l'Etat; le Prince ne peut être arrêté par la consideration d'un Privilège, qui n'a jamais été donné pour tourner au dommage & à la ruïne des Etats. L'an 1726. le fameux Duc de Ripperda s'étant réfugié chez Milord Harrington Ambassadeur d'Angleterre, le Conseil de Castille décida, „qu'on pouvoit l'en faire enlever, même „de force; puisque autrement ce qui avoit été „réglé pour maintenir une plus grande Corre- „spondance entre les Souverains, tourneroit au „contraire à la ruïne & à la destruction de leur „Autorité; qu'étendre les Privilèges, accordés „aux Hôtels des Ambassadeurs en faveur simple- „ment des délits communs, jusqu'aux sujets dé- „positaires des finances, des forces & des secrets „d'un Etat, lorsqu'ils viennent à manquer aux „devoirs de leur Ministère, ce seroit introduire „la chose du monde la plus préjudiciable & la „plus contraire à toutes les Puissances de la ter- „re, qui se verroient forcées, si jamais cette ma- „xime avoit lieu, non-seulement à souffrir, mais „même à voir soutenir dans leur Cour, tous ceux „qui machineroient leur perte (a).„ On ne peut rien dire de plus vrai & de plus judicieux sur cette matière.

L'abus de la franchise n'a été porté nulle-part

____

(a) Mémoires de M. l'Abbé de Montgon, Tom. I.

plus loin qu'à Rome, où les Ambassadeurs des Couronnes la prétendent pour tout le Quartier dans lequel leur Hôtel est situé. Les Papes, autrefois si formidables aux Souverains, sont depuis plus de deux siècles, dans la nécessité de les ménager à leur tour. Ils ont fait de vains efforts pour abolir, ou pour resserrer du moins dans de justes bornes, un Privilège abusif, que le plus ancien usage ne devroit pas soutenir contre la Justice & la raison.

§. 119. Les Carrosses, les Equipages de l'Ambassadeur jouissent des mêmes privilèges que son Hôtel, & par les mêmes raisons : Les insulter, c'est attaquer l'Ambassadeur lui-même & le Souverain qu'il réprésente. Ils sont indépendans de toute Autorité subalterne, des Gardes, des Commis, des Magistrats & de leurs suppôts, & ne peuvent être arrêtés & visités, sans un ordre supérieur. Mais ici comme à l'égard de l'Hôtel, il faut éviter de confondre l'abus avec le droit, Il seroit absurde qu'un Ministre Etranger pût faire évader dans son Carrosse un Criminel d'importance, un homme, dont il seroit essentiel à l'Etat de s'assûrer ; & cela, sous les yeux d'un Souverain, qui se verroit ainsi bravé dans son Royaume & à sa Cour. En est-il un qui le voulût souffrir ? Le Marquis de FONTENAY Ambassadeur de France à Rome donnoit retraite aux exilés & aux rebelles de Naples, & voulut enfin les faire sortir de Rome dans ses Carrosses. Mais en sortant de la Ville, les Carrosses furent arrêtés

par

par des Corses de la Garde du Pape, & les Napolitains mis en prison. L'Ambassadeur se plaignit vivement: Le Pape lui répondit: „Qu'il avoit „voulu faire saisir des gens, que l'Ambassadeur „avoit fait évader de la prison ; que puisque „l'Ambassadeur se donnoit la liberté de protéger „des scélérats, & tout ce qu'il y avoit de Crimi„nels dans l'Etat de l'Eglise, il devoit pour le „moins être permis à lui, qui en étoit le Souve„rain, de les faire reprendre par - tout où ils se „rencontreroient; *le Droit & le Privilège des Am*„*bassadeurs ne devant pas s'étendre si loin.* L'Am„bassadeur repartit, qu'il ne se trouveroit point „qu'il eût donné retraite aux sujets du Pape, „mais bien à quelques Napolitains, à qui il pou„voit donner sûreté contre les persécutions des „Espagnols (*a*).„ Ce Ministre convenoit tacitement par sa réponse, qu'il n'auroit pas été fondé à se plaindre, de ce qu'on avoit arrêté ses Carrosses, s'il les eût fait servir à l'évasion de quelques sujets du Pape, & à soustraire des Criminels à la Justice.

§. 120. L'inviolabilité de l'Ambassadeur se communique aux gens de sa suite, & son indépendance s'étend à tout ce qui forme sa Maison. Toutes ces personnes lui sont tellement attachées, qu'elles suivent son sort; elles dépendent de lui seul immédiatement, & sont exemptes de la Jurisdiction du pays, où elles ne se trouvent

qu'avec

(*a*) WICQUEFORT, Ambass. Liv. I. Sect. XXVIII. vers la fin.

qu'avec cette réserve. L'Ambassadeur doit les protéger, & on ne peut les insulter sans l'insulter lui-même. Si les Domestiques & toute la Maison d'un Ministre Etranger ne dépendoient pas de lui uniquement, on sent avec quelle facilité il pourroit être molesté, inquiété & troublé dans l'exercice de ses fonctions. Ces maximes sont reconnuës par-tout aujourd'hui, & confirmées par l'usage.

§. 121. L'Epouse de l'Ambassadeur lui est intimément unie, & lui appartient plus particulièrement que toute autre personne de sa Maison. Aussi participe-t-elle à son indépendance & à son inviolabilité. On lui rend-même des honneurs distingués, & qui ne pourroient lui être refusés à un certain point, sans faire affront à l'Ambassadeur: Le Cérémonial en est règlé, dans la plûpart des Cours. La Considération qui est dûe à l'Ambassadeur réjaillit encore sur ses enfans, qui participent aussi à ses Immunités.

§. 122. Le Sécrétaire de l'Ambassadeur est au nombre de ses Domestiques; mais le Sécrétaire de l'Ambassade tient sa Commission du Souverain lui-même; ce qui en fait une espèce de Ministre Public, qui jouit par lui-même de la protection du Droit des Gens & des Immunités attachées à son état, indépendamment de l'Ambassadeur; aux ordres duquel il n'est même soumis que fort imparfaitement, quelquefois point du tout, & toûjours suivant que leur Maître commun l'a réglé.

§. 123.

§. 123. Les Courriers qu'un Ambassadeur dépêche ou reçoit, ses papiers, ses Lettres & Dépêches sont autant de choses qui appartiennent essentiellement à l'Ambassade, & qui doivent par conséquent être sacrées ; puisque si on ne les respectoit pas, l'Ambassade ne sçauroit obtenir sa fin légitime, ni l'Ambassadeur remplir ses fonctions avec la sûreté convenable. Les Etats-Généraux des Provinces-Unies ont jugé, dans le tems que le Président JEANNIN étoit Ambassadeur de France auprès d'eux, que ouvrir les Lettres d'un Ministre Public c'est violer le Droit des Gens (a). On peut voir d'autres exemples dans WICQUEFORT. Ce Privilège n'empêche pas cependant que, dans les occasions importantes, où l'Ambassadeur a violé lui-même le Droit des Gens, en formant, ou en favorisant des Complots dangereux, des Conspirations contre l'Etat, on ne puisse saisir ses Papiers, pour découvrir toute la trame & connoître les Complices ; puisqu'on peut bien, en pareil cas, l'arrêter & l'interroger lui-même (§. 99.). On en usa ainsi à l'égard des Lettres remises par des Traîtres aux Ambassadeurs de TARQUIN (98.).

§. 124. Les Gens de la suite du Ministre Etranger étant indépendans de la Jurisdiction du pays, ne peuvent être arrêtés ni punis sans son consentement. Mais il seroit peu convenable qu'ils vécussent dans une entière indépendance, & qu'ils eussent la liberté de se livrer

(a) WICQUEFORT, Liv. I. Sect. XXVII.

vrer sans crainte à toute sorte de desordres. L'Ambassadeur est nécessairement revêtu de toute l'Autorité nécessaire pour les contenir. Quelques-uns veulent que cette Autorité s'étende jusqu'au droit de vie & de mort. Le Marquis de ROSNY, depuis Duc de SULLY étant Ambassadeur Extraordinaire de France en Angleterre, un Gentilhomme de sa suite se rendit coupable d'un meurtre; ce qui excita une grande rumeur parmi le peuple de Londres. L'Ambassadeur assembla quelques Seigneurs François, qui l'avoient accompagné, fit le procès au meurtrier, & le condamna à perdre la tête; après quoi, il fit dire au Maire de Londres, qu'il avoit jugé le Criminel, & lui demanda des Archers & un Bourreau pour exécuter la Sentence. Mais ensuite, il convint de livrer le coupable aux Anglois, pour en faire eux-mêmes justice, comme ils l'entendroient; & M. de BEAUMONT Ambassadeur ordinaire de France, obtint du Roi d'Angleterre la grace du jeune-homme, qui étoit son parent (a). Il dépend du Souverain d'étendre jusqu'à ce point le pouvoir de son Ambassadeur sur les gens de sa Maison; & le Marquis de Rosny se tenoit bien assûré de l'aveu de son Maître, qui en effet approuva sa conduite. Mais en général, on doit présumer que l'Ambassadeur est seulement revêtu d'un pouvoir coërcitif, suffisant pour contenir ses gens, par la prison & par d'autres peines, non-capitales & point infamantes. Il peut châtier les fautes commises contre lui & contre le service du Maître, ou renvoyer les coupables à leur Souverain, pour être punis. Que si ses Gens se rendent coupables envers la Société, par des crimes dignes d'une peine sévère; l'Ambassadeur doit distinguer entre les Domestiques de sa Nation & ceux qui sont sujets du pays où il réside. Le plus court & le plus naturel est de chasser ces derniers de sa Maison, & de les livrer à la Justice. Quant à ceux qui sont de sa Nation, s'ils ont offensé le Souverain du pays, ou commis de ces crimes atroces, dont la punition intéresse

(a) Mémoires de SULLY, Tom. VI. Chap. I. Edit. in 12.

fe toutes les Nations, & qu'il est d'usage, pour cette raison, de reclamer & de rendre d'un Etat à l'autre; pourquoi ne les livreroit-il pas à la Nation qui deman-de leur supplice? Si la faute est d'un autre genre, il les renverra à son Souverain. Enfin, dans un cas dou-teux, l'Ambassadeur doit tenir le criminel dans les fers, jusques à ce qu'il ait reçû les ordres de sa Cour. Mais s'il condamne le coupable à mort; je ne pense pas qu'il puisse le faire exécuter dans son Hôtel. Car une exé-cution de cette nature est un acte de Supériorité Ter-ritoriale, qui n'appartient qu'au Souverain du pays. Et si l'Ambassadeur est réputé hors du Territoire, aussi bien que sa Maison & son Hôtel; ce n'est qu'une façon d'exprimer son indépendance & tous les Droits néces-saires au légitime succès de l'Ambassade: Cette fiction ne peut emporter des Droits réservés au Souverain, trop délicats & trop importans pour être communiqués à un Etranger, & dont l'Ambassadeur n'a pas besoin pour s'acquitter dignement de ses fonctions. Si le cou-pable a péché contre l'Ambassadeur, ou contre le servi-ce du Maître; l'Ambassadeur peut l'envoyer à son Sou-verain: Si le crime intéresse l'Etat où le Ministre ré-side; il peut juger le criminel, & le trouvant digne de mort, le livrer à la Justice du pays, comme fit le Marquis de Rosny.

§. 125. Quand la Commission d'un Ambassadeur est finie, lorsqu'il a terminé les Affaires qui l'ont amené, lorsqu'il est rappellé, ou congédié; en un mot, dès qu'il est obligé de partir, par quelque raison que ce soit; ses fonctions cessent, mais ses Privilèges & ses Droits n'ex-pirent point dès ce moment: Il les conserve, jusqu'à son retour auprès du Maître, à qui il doit rendre com-pte de son Ambassade. Sa sûreté, son indépendance & son inviolabilité ne font pas moins nécessaires au succès de l'Ambassade, dans le départ, que dans la ve-nuë. Aussi, lorsqu'un Ambassadeur se retire, à cause de la Guerre, qui s'allume entre son Maître & le Sou-verain auprès duquel il étoit employé, on lui laisse un

tems

tems suffisant, pour sortir du pays en toute sûreté: Et même, s'il s'en retournoit par mer, & qu'il vînt à être pris dans le trajet, il seroit relâché sans difficulté, comme ne pouvant être de bonne prise.

§. 126. Les mêmes raisons font subsister les Privilèges de l'Ambassadeur, dans le cas où l'activité de son Ministère se trouve en suspens, & où il a besoin de nouveaux Pouvoirs. Ce cas arrive par la mort du Prince que le Ministre réprésente, ou par celle du Souverain auprès duquel il réside. Dans l'une & l'autre occasion, il est nécessaire que le Ministre soit muni de nouvelles Lettres de Créance; moins nécessaire cependant dans le dernier cas, que dans le prémier; sur tout si le Successeur du Prince mort est Successeur naturel & nécessaire; parceque l'Autorité d'où est émané le pouvoir du Ministre subsistant, on présume aisément qu'il demeure en la même qualité auprès du nouveau Souverain. Mais si le Maître du Ministre n'est plus, ses pouvoirs expirent, & il lui faut absolument des Lettres de Créance du Successeur, pour l'autoriser à parler & à agir en son nom. Cependant il demeure, dans l'intervalle Ministre de sa Nation, & il doit jouir à ce titre, des droits & des honneurs attachés au Caractère.

§. 127. Me voici enfin parvenu au bout de la carrière que je m'étois proposée. Je ne me flatte point d'avoir donné un Traité complet & parfaitement rempli: Ce n'a pas été mon dessein; & c'eût été trop présumer de mes forces, dans une matière si vaste & si riche. Ce sera beaucoup pour moi, si mes Principes sont trouvés solides, lumineux, & suffisans aux personnes intelligentes, pour donner la solution des questions de détail, dans les cas particuliers. Heureux si mon travail peut être de quelque utilité aux Gens en place, qui aiment le Genre-humain & qui respectent la Justice; s'il leur fournit des armes, pour défendre le bon Droit, & pour forcer au moins les injustes à garder quelque mesure, à se tenir dans les bornes de la décence!

F I N.